Sammlung Luchterhand 826

W0313930

Über dieses Buch: Peter Härtling hat seinen frühen Ruf als Schriftsteller mit Gedichten begründet. 1953 erschienen *poeme und songs*, ein Band, der dem damals knapp 20 Jahre alten Peter Härtling Anerkennung bei Kritikern und Lesern einbrachte. Seither hat Peter Härtling nie mit dem Schreiben von Gedichten aufgehört. 1987 erschien sein bislang letzter Gedichtband *Die Mörsinger Pappel.*
Dieser Band sammelt Peter Härtlings Gedichte aus 35 Jahren, sein lyrisches Werk, das immer neue Lesergenerationen findet. Geordnet sind die Gedichte chronologisch: die Entwicklung eines Autors, der »einige der schönsten deutschen Gedichte unserer Zeit« (Elsbeth Pulver, NZZ) geschrieben hat, läßt sich nachvollziehen. Der Band versammelt zum erstenmal auch die Gedichte, die bisher nur verstreut in Anthologien und Zeitschriften zu lesen waren.
»Wenn das Verliebtsein aufhört, ist das entweder der Anfang oder das Ende der Liebe. Für mich hat mit dem Gedichtband eine neue Liebe begonnen: Ich habe den Erzähler und Romancier Peter Härtling als Lyriker entdeckt.« Die Zeit über *Die Mörsinger Pappel*

Über den Autor: Peter Härtling, geboren 1933 in Chemnitz, Gymnasium in Nürtingen bis 1952. Danach journalistische Tätigkeit; von 1955 bis 1962 Redakteur bei der Deutschen Zeitung, von 1962 bis 1970 Mitherausgeber der Zeitschrift Der Monat, von 1967 bis 1968 Cheflektor und danach bis Ende 1973 Geschäftsführer des S. Fischer Verlags. Seit Anfang 1974 freier Schriftsteller.

Peter Härtling
Die Gedichte

Mit einem Nachwort
von Karl Krolow

Luchterhand
Literaturverlag

Sammlung Luchterhand, März 1989
Lektorat: Klaus Siblewski
Copyright © 1989 by Luchterhand Literaturverlag GmbH, Frankfurt am Main. Alle Rechte vorbehalten. Umschlagentwurf: Max Bartholl. Satz: Uhl + Massopust, Aalen. Druck: Wagner, Nördlingen. Printed in Germany.
ISBN 3-630-61826-X

poeme und songs

aber des herzens verbrannte mühle
tröstet ein vers
Jakob Haringer

quichotte
schlafbruder songmacher trümmerclown
für mechthild

1.
vielleicht ein narr wie ich
narren sind immer gleich
und wunderlich
und immer reich

warst es auch du
ein flugzeug macht mich ganz verrückt
doch du hältst deinen speer gezückt
und stößt hart zu

ich möchte dich bruder nennen
feierlich und sehr zart
doch du wirst meine stimmung nicht kennen
du fühlst dich sicher genarrt

2.
am abend in der trümmerklause
betet don quichotte
weil er nirgendwo zu hause
brav zu seinem gott

hebt die blau gewordnen hände
witternd auf zu gott
daß er ihm den segen sende
betet don quichotte

wenn er sich dann ausgebetet
legt sich don quichotte
auf den stein und angeredet
hütet ihn sein gott

3.
komödiant versteckter schmerzen
auf der bühne harm
hinter krämerladenkerzen
hebst du still den arm

blau vielleicht in einer stube
sprichst du ein gedicht
draußen stinkt die jauchengrube
poetisch ist das nicht

doch du lächelst groß mein lieber
singen steigt aus qual
hebst die hände segnend drüber
und du singst nochmal

4.
einmal wankend über zerrissenen
steinen und masten
fluchst du über die beschissenen
leiden und lasten

hebst den vertrockneten zeigefinger
drohend auf zu gott
und stehst zitternd du geringer
don quichotte

einmal nur fliehst du die peinen
dieser grauen schweinerei
um dich richtig auszuweinen
daß dirs besser sei

5.
clown du traurig an der ecke
regen macht dich naß
komm doch rüber und verstecke
hier dich unterm faß

trümmer ziehen traumgesichter
du denkst drüber nach
flüsterst nur ach nein die dichter
brauchen gar kein dach

6.
du besteigst die alte mähre
die zerrittne zeit
mit der trunkentiefen lehre
von der seligkeit

seelentief steigst du in gründe
blutend trittst du aus
machst die hände auf wie blinde
und du willst nach haus

kleine musik für dich
thema: träumend wirds gelingen ... -K. L.-

1.
das ist so ein tag
traurig und hingeweint
soll ich dir davon erzählen
der feldweg der durch deine
hände führt
mit den holpernden bauernwagen
der fremde gast aus dem
morgenland
der kleine schmerz
der auf deinen wangen tollt
sentimentale gefühle
der lauen winde
die sich im winter verloren haben
schweigendes schrein
in den bäumen
die sich umarmen

2.
in eine pfütze träum
ich dein gesicht
du bists nicht
und doch bist dus
meine liebe macht die pfütze
leuchten

ein auto bespritzt meine hose
die wir chagallhose nennen
und ein haus fällt auf meine brust

3.
die einfachen worte
die ich nicht reinbekomm
in meinen song
an deine lippen heft
ich sonnen
und bewundre sie
die morde in meinem herzen
schweigen

4.
meine liebe läßt die welt tanzen
die kulis tragen lasten
und vergehn unter ihrer schwere

ich bin tausend kulis
mein herz fällt in
einen taubenschwarm
und träumt von byzanz

5.
wohin soll ich gehn
soll ich die urwälder
betreten die
ich zaubre vor deine
füße
geh neben meinem gesicht
ich lese die glänzenden
früchte auf
und berausche mich
an ihrem herbst

6.
steppe der trauer
der ich verfiel
verwirkt in teppichen
morgenlandbunten
meiner sehnsucht

streich über meine stirn
die nacht hat
ihre stunden verloren

7.
halt mich fest
auf einem wolkenkratzer
befällt mich der schwindel
des wahnsinns
ich suche VILLON
der mich verlangen
ließ

warum sprichst du von treue
und läßt mich fallen

8.
denk an mich
in meinen haaren nistet
der zweifel ABÄLARDS

deine liebe ist stark
doch die welt ist stärker

lass fallen in sie
fallen
die glut HELOISES
den taumel der seilerin LOUIZE

poetischer wandel
des glaubens
    o deine augen
    bist dus pierette
    die in mir ist

dem zauberer chagall
und gebet an den lieben gott

zaubrer nachtblauer großer
mit mützen aus kirchenkronen
über den augen
die tauben
verlächelter unschuld
    CHAGALL
ein song blüht in mir
ach und pierette
hängt am laternenpfahl
versoffen klein wenig
pierette

dein pinsel hat
unsre blicke verletzt
durch einen eisigen fluß
waten verkrüppelte kinder
und singen

zwischen katen lehmigen räuchern
braune leiber
iwan hat katja lieb
in PARIS
und pjotr songt manchmal

ein silbernes flugzeug
zerspellt sein haupt
ach zaubrer CHAGALL
durchs ghetto schwarze mädchen
mit dicken kußlippen
judenmädchen
die lieb haben weil GOTT
mit ihnen ist an der
SEINE

denn du siehst blut
zwischen den beinen des großen GOTTES
sein geschlecht ist zerrissen
und weint

o GOTT der du schlägst
wahllos
in großer wahl
deine stirnfalten gebären
wahnsinnige blitze
und wir sind
die kinder verlorener welt
geborstener liebe

das muß zu nähren säugen
die mütter ausgebrannte kinder
an den brüsten
verlaufend springen ins zerstörende
leben
und herrliche stimmen
sprengen die häupter
der betenden
wir aber lächeln
leis verworrenes

weiber aufgetan die
scham gegen den himmel
langen nach dir
GOTT
ihre unfruchtbarkeit schreit
und ihr bluten ist ohne reife
gib ihnen keime
die ihre leiber ründen
kinder träumende
sanft der sonne
und mit den namen des friedens
den zu erhalten
GOTT
aber zwischen SEINE und NOTRE-DAME
der schmale streifen
aus lust
sieh die liebenden kleinen
die weinen weil sie
nicht tragen können so schweres
aus last und glück
die küssen sich
verschlungen auf traumbunten
bildern
CHAGALLS
göttliche andre aus
schneehoher steppe rußlands
heilige heilige aber noch immer
GOTT

unter zerborstnen küssen
kochenden wolkenkratzern
die kleine liebe
die weint weil sie weiß

poem des morgens

die qual des morgens
empfind sie als zeichen
das rot gefilterte licht
o die trauer in deinen augen
halt sie fest
wer wüßte besser zu schreiben
wohin und woher
denn der morgen ist deine stärke

yamins stationen

für mechthild

yamins bitten

lass YAMIN sein
  die kindertrompete hinterm dunkeln fenster
  ein mann am eck der lauscht
  die lichtreklame auf hungergesicht
  die harten schläge des regens auf den lippen
  der frühaufsteher der den rinnstein entlanggeht
  die müden augen eines mädchens das nicht nach haus
                                        findet
  die verspätete gebärde eines clowns dessen freude sich
                                        verloren hat

lass YAMIN sein YAMIN
  der blick der nicht blick wird
  der kuss der sich verküsst und bleibt nur rouge
  die tür die sich öffnet ohne pförtner
  der gruss eines fürsten auf der strasse
  die zaghaften schritte eines frühen baums

lass YAMIN fallen
  sein gruss ist kein gruss
  eine hand die ihn hält wird müd
  auf dem papier verwischt sich das poem

brief

sag nicht umsonst
immer wieder wird YAMIN gehn und du an den
kirchenmauern lang sie zu begrüssen
eine taube wird uns geleiten und die steine werden auch
glänzen in der nacht
schreibe keine briefe die klagen ICH WEISS auch wenn der
abend dich drängt
flüster nicht ES IST SO SCHWER viele mauern werden noch
auf dir sein
YAMIN ist eine mauer aus wein der verglänzt

sag nicht ICH FÜHLS
wenn dich die gräser schneiden wirst du anders denken
auch der morgen der dich anfällt wird zum abend
wehr nicht VERLOREN
YAMIN rettet die blassen gebärden der wolken und fährt
über meere

weisst du denn nicht dass die andern gesichter in YAMIN
leben
aus den poemen fällt der morgen
der sich flüchtet
weil der abend ihn weiss
zum gesang

einsicht

ganz findet YAMIN nicht mehr heim
die kiesel haben seine füsse gerissen
fische haben seinen gang verleitet
an den bäumen wehn seine haare
die tiefen teiche spiegeln ihn nicht

ganz findet YAMIN nicht mehr heim
alles hat sich ausgedreht
auf grünen kutschen fahren käfer vorüber
der magier vergisst den alten gruss
und an den fensterkreuzen lächeln spinnen

ganz findet YAMIN nicht mehr heim
der tanz ist in sein gesicht gefahren
an den vorhängen geistern hände die weinen
die offnen bücher blättern ihre zeit
vorbei vorbei nur der wind trocknet den sand

ganz findet YAMIN nicht mehr heim
längst dem blatt verschrieben das sich fortgewirbelt
längst dem boot vergeben das sich ausgesegelt
längst dem buch verloren das sich hingeblättert
längst dem hauch verfallen der sich YAMIN nennt

blicke

die zeichnung
deiner hand
ist ein dünner vergleich

vor den ziffern
des alten kalenders

der abdruck
deiner lippen
ist ein schwacher hauch
auf den augen
eines beladnen esels

der umriss
deiner gebärde
ist eine blasse arabeske
im raum
eines blinden spiegels

YAMIN klagt seine klage vorbei

trost

halt die hände ans glas
denk nicht was wird sein

geh den schmalen weg ab
mach die augen zu
fühl YAMINS gang

sag nicht aber
sprich mit dem alten poeten
der wenig worte weiss
der aus dem stein
die müdigkeit verjagt

spiel mit dem ball
den du vergessen
in eine ecke warfst
spiel dir den stern

halt die hände ans glas
denk nicht was wird sein

schreib einen brief
der seinen sinn verliert
wandle gelb in grün
vergiss die flecken auf dem tisch
verschieb die qual

fühl YAMINS gang
mach die augen auf

yamins verbannung

YAMIN in der verbannung
die hungernden kamele werden zu dünen
aus dem tamtam fällt die sonne
der letzte vogel ist gestorben

YAMINS testament auf heissem sand
die geburt des mageren fürsten
der tod der hungernden prinzessin
worte sind steine aus glut

YAMINS klage in der flüchtigen hand
kein poem bleibt ungeschrieben

die prinzessin hats verweht
den fürsten haben die schlangen geraubt

YAMIN in der verbannung
kreise aus glas um ihn gezogen
die dürstenden kamele finden keine oase
aus dem tamtam rinnt das schweigen

aus dem tamtam wird eine oase
aus dem fürsten wird eine palme
kein poem bleibt ungeschrieben
im flüchtigen sand vergeblich das testament

beispiele

die sanftmut
einer schnecke
die von YAMINS schuh zertreten wird

das schweigen
eines vogels
der von YAMINS klage erschreckt wird

der song
eines negers
der von YAMINS poem verhöhnt wird

die kraft
einer kerze
die YAMINS atem auslöscht

die geduld
des wassers
das von YAMINS unruh geschlagen wird

die dauer
des grases
in dem YAMIN liegt

gebet

saug dich in YAMIN
tast ihn von innen ab
schweig ihn aus

sag YAMIN
auf einer amsel reist der mond
ein elefant tritt dein herz durch

bleib in YAMIN
verlier die zeit
schweig dich ein

sag YAMIN
ein strauch ist der wartende dieb
romeo und julia wohnen in der nachtigall

werde YAMIN
schweig dich ein
verlier die zeit

die zeit vorm morgen

YAMIN ist ein schatten
der sich dauernd dreht
die lichter der kerzen bleiben fern
die gesichter der mädchen sind
  kleine intermezzi falschgespielt

ein karren und ein esel
bestimmen die zeit
in der trockenen nabe singt der sand
YAMIN tastet nach den lichtern
  der kerzen ohne erinnerung

ein strassenkehrer fegt
das grauen in die rinne
YAMIN wandert langsam durch die fenster
die gesichter der lauschenden
  wandeln sich in musik

die musik der fernen kerzen
ein karren ohne fracht an der strasse
YAMIN hinterm eck ohne fluch
ebenen die vergehn und sich heben
  YAMIN lächelt im esel

spiele 1

durch eingerissne tore gehn
und singen
YAMIN spielt ein kinderspiel

die neuen wege meiden
alten staub im auge
YAMIN treibt die herde weiter als du magst

durch eingerissne tore wandert gras
YAMIN spricht vergessne poeme
YAMIN zeichnet vertrocknete flüsse

niemals wirst du YAMIN finden

spiele 2

YAMIN auf die sonne zeichnen
dächer weinen sonnen aus
auf die bäume steigen und
den wind fangen händemüd

YAMIN in die meere sagen
wenn die fische städte baun
perlen schwimmen durch die offnen augen
warten auf den dächern im meer

YAMIN durch die kinder spielen
bälle in die fenster werfen
vor den türen diener machen
träume durch die zäune treiben

YAMIN in die steine pressen
die musik aus fenstern stehlen
andre klänge wiederbringen
mit den farben kreise werfen

farben durch die nacht leuchten
an den türen diener machen
unverstandne zeichen malen
YAMIN in die sonne weinen

remember

leucht nochmal
kürbis unterm dicken blatt
YAMIN hat dich nicht gefunden

die gefallnen häuser
haben alle gleiche gesichter

im garten treffen sich
die bettler und zählen münzen

im garten unterm boden YAMIN

die bettler flüstern
den staub der sonne

leucht nochmal
kürbis unterm dicken blatt
YAMIN hat dich nicht gefunden

aus den händen gleiten rostige münzen

yamins traurigkeit

augen aus glas
in den stirnen der sänger
keine stimme erreicht
YAMINS fenster
die vertriebnen herden
reisen vorbei
mit ihren liedern

die hirten schweigen

augen aus glas
in den stirnen der sänger
aus den fensterhöhlen
treiben worte ohne sinn
ein bettler zerbricht den zaun
und verzichtet
aufs brot

YAMINS fenster rufen

geh vorbei und streif
die rede der großen vaganten
bete in den nischen
der vergangenen häuser
hebe die steine auf
und fühl sie kühl in
der tasche

YAMIN glänzt im stein

einmaleins der hände
für dr. erich rall

YAMINS einmaleins der hände
niemand begreifts

keine laterne begleitet
den abend
keine stimme spricht
durch den tag

durchs gitter
am fluss
grüssen fische und fliehn
wenn du rufst

YAMINS stille verwoben
ins glas ins wasser
die haut der lider
brennt unter der erde

YAMINS einmaleins der hände
niemand begreifts

yamin an pierette

spiel durchs spiel
fliess durch den fluss

leb die qual
die du vergessen hast
ohne YAMIN zu hören
spricht dich die
dauernde stimme

sei in den stirnen
der müden fürsten
fall in die schritte
der schläfer
geh mit

geh YAMIN
in den schritten
die du vergessen hast

chanson

mit pierette
ein rendezvous hat YAMIN
in der engsten strasse der stadt

die blumen in YAMINS hand frieren

zurückschaun und warten
im fenster schubert spielt
impromptus aus regen

YAMIN in der strasse
pierette ist ein regentropfen
der an der wand trocknet

pierette wird nicht kommen
in den schächten singen
blaue vögel von pierettes augen
in der verschlossenen truhe

  zurückschaun und warten
  im fenster schubert spielt
  impromptus aus regen

YAMIN zählt die tropfen
in den blumen schmilzt die angst
das warten das warten
die augen pierettes gehn grüssend vorbei

die blumen in YAMINS hand frieren

ein magerer wärter erzählt
von den märchen pierettes
schuhen aus schweigen
der müde kellner in der strasse
hält den himmel an

  zurückschaun und warten
  im fenster schubert spielt
  impromptus aus regen

pierette wird nicht kommen

der ballerina gruß

in YAMINS musik
der ballerina taschentuch
über die rampe geweht

  eine wolke
  aus tau
  ist kein stern

wer wird die ballerina
vergessen
in den händen augen
sprünge aus glas
hinter den kulissen
der ballerina gruss
für YAMIN

  eine wolke
  aus tau
  ist kein stern

musik aus YAMIN
der ballerina taschentuch
ist ein toter vogel

wer wird die ballerina
vergessen
sag einem totengräber
der fünfte traum
ging verloren
eine barke aus stroh
ist dein haus
im tau versunken

der ballerina gruss
ein seidenes kissen
verliert seinen sinn

eine wolke
aus tau
ist kein stern
ist der sinn
der fünfte traum
nie geträumt
in YAMIN

eine wolke
aus tau
der ballerina
gruss

frühaufsteher

frühaufsteher
die fensterscheiben
bemalen
fremde grüssen

YAMIN vergisst
eine fliege zu töten

den bahndamm lang
keine städte sehn
staub
zwischen den zehen

YAMIN vergisst
guten morgen zu sagen

frühaufsteher
die trambahn anhalten
über lächeln stolpern
schweigen

YAMIN vergisst
die tür zu schliessen

in einem fremden
durch die stadt gehn
frühaufsteher
auf die scheiben malen

yamins weltreise

YAMIN im boot durchs sargassomeer
den suez lang
und tanger streifen

ein brief begegnet dem boot
eine taube fährt mit
das boot ist eine welle

YAMIN wird das ufer nicht erreichen

der brief grüsst die palmen
und zieht weiter

ein totes kamel spricht den koran
mohammed zaubert in der moschee
spiegel für tausend damen

YAMIN wird keine dame sehn

eine taube im boot
in der welle aus grün
sargasso heisst ein brief
YAMIN zaubert mohammed

YAMIN wird das ufer nicht erreichen
denn die taube wird YAMIN töten

paradies

die koralle YAMINS
im meer von den fischen
besprochen

schweigende weltreisende
grüssen von booten
die koralle YAMINS
an die segel
der horizonte geheftet

YAMIN auf der koralle
im siebenten meer
ohne strand
ohne schiffe die reisen
auf der koralle die segel
vor YAMIN

nur das tropfen aus nüssen
der dauer

die ruhe yamins

durch den garten gehn
in den blättern sein
die ruhe YAMINS

an einem mädchen vorbeilächeln
das schweigen glänzen lassen
YAMIN verjagen

ins meer fallen
aus glocken die ruhe
schmelzen lassen
kein tag ist umsonst

YAMIN verjagen die worte
übers papier streichen
ein leises poem

YAMIN der fünfte jäger der sich jagt
durch den garten aus schweigen
in die glocken schmelzen

in dunstigen perlen
das flüchtige poem
aus schweigen glänzen lassen

die ruhe YAMINS
in den blättern sein
durch den garten gehn

yamin totengräber

YAMIN totengräber
in den häusern gehn die lichter aus
die häuser haben angst vor YAMIN

in den quellen schweigen die tiere
YAMIN ist ein schweigen
das sich nicht bricht

YAMINS schweigen
in den quellen
die häuser aus angst
brechen in den quellen
in YAMINS schweigen

YAMIN ist ein totengräber
die fürsten verbergen sich
vor seinen händen

in den blumen sprechen
die fürsten mit den toten
und weinen hinter zerrissnen vorhängen

YAMIN totengräber
in den fürsten
klopft die angst
klopft den vorhang
in der blume

YAMIN totengräber
wird die fürsten
wird die toten
klagen in den blumen

wird die blumen in den toten
klagen wird den fürsten
sprüche auf die stirne malen
wird den tod im vorhang finden

gespräche

YAMIN und ein don
vor der engen hütte
aus schweigen und stroh

in der hütte der tanz
den YAMIN vergass
der kreis die ferne
das buch
ohne seiten
die YAMIN verblättert

YAMIN und ein don
sprechen von den himmeln
in der hütte
aus schweigen und stroh

die fernen sind tänze
in büchern zerblättert
in seiten zerlesen
zerglänzt

YAMIN und ein don
die hände vors licht gehalten
verschwindet die hütte
der don

nur schweigen und stroh

glasschnüre

sand in den augen
läßt YAMIN
glasschnüre durch
den fluss gleiten

die glasschnüre sind wilde segler
die niemals heimkommen
YAMIN ist auf den schiffen zuhause

in der sonne sterben
die bunten piraten

durchs meer reisen
pilger aus dem osten
in den felsen fangen
sich ihre kleider
und verlieren den glanz

glasschnüre fahren in YAMIN
durchs meer der
wilden piraten
die vor der sonne weinen

fluss aus yamin

für helmut und ida heissenbüttel

der fluss aus YAMIN
vom furchtlosen fakir gehütet
in den städten
der eroberer
ohne poeme

ohne halt der fluss
aus YAMIN
fliesst durch die
wartenden palmen
durch die sterbenden fürsten
durch die kämpfenden tiger

sein bett
sind die strahlen
der welkenden blumen
der hass der machtlosen greise
die liebe der wartenden
hinter den fenstern
YAMIN

aus dem fluss
der strahl der blumen
in die ängstlichen hirten
in die träumenden häuser
YAMIN

der fluss aus YAMIN
in den palästen schweigen
die krieger
ihr lauschen ist in den steinen

die mageren pferde warten
auf den abend
der kommen wird
mit dem fluss aus YAMIN

mon ami yamin

mon ami YAMIN
die legende des caféhauses
am abend erzählt

durchs fenster schaun
den damen guten abend sagen
mon ami
ohne die finsteren dächer
zu beachten
die YAMIN drohen

mon ami YAMIN
aus der stadt
die keine strassen kennt
nur brücken aus gras
abende aus sand
morgende aus lehm
mon ami YAMIN

mon ami YAMIN
denken die damen
auf den schildern
vor hässlichen türen
wenn die stunde zerbricht
aber YAMIN ist kein trost

die fünf kavaliere an der ecke
hassen seinen mantel

mon ami YAMIN
sprechen die geländer
in abgelegenen parken
aber YAMIN geht immer vorbei
seine augen sind keine paradiese
für die caféhauslegende
für die strassen aus gras
niemals wird ihn eine dame
wieder grüssen
    mon ami YAMIN

kostbar

auf der zerbrochenen flöte
tanzt der staub
in den büchern
treffen sich die herren

diener verblasen was kostbar war

paul klee

hinter den fensterscheiben PAUL KLEE
er sieht die leute vorübergehn
und sie werden lauter striche

er sieht lauter striche vorübergehn

und die striche gehen vor den scheiben

geh yamin

für otto wolfgang bechtle

geh YAMIN
in den rillen
die vor häusern ziehn

geh durch ein pferd
wenns morgen wird
die bäume tasten
augen ab

geh YAMIN fort
vor die segel
einen himmel malen
daß sie verweilen

geh in den stein
vor einer schnecke schweigen
weil sie spricht
nur YAMIN sein

geh YAMIN
durch das schneckenhaus
in ästen treibt
der abend meer
und segel rasten
in den augen häuserfern

verlorene spur

niemand wird YAMIN finden
in die brücken brechen sterne
ohne musik gleitet ein fisch
durch die zahllosen fernen
vor den augen der tänzer

niemand wird YAMIN finden
in deinen haaren nisten die letzten träumer
hinterm abend treffen sich die fürsten
und töten sich schweigend
alle augen sind ferne
in den sanften blicken der fische
verliert YAMIN seine spur

yamins geduld

vor dem tag warten
vor der nacht warten
durch die tigeraugen der stadt gehn
sich mit YAMIN besprechen

aus den händen der frauen lesen
lächeln in den blättern
die in das licht fallen
wenn der morgen zerspringt

aus den briefen YAMINS
den abschied lesen
die letzten zeilen verlieren
sandkörner zählen

gelassenheit

YAMIN die sanfte frage
von der du
sprichst

ein gelassener tropfen
zersprengt deine stirn

YAMIN der tropfen
verlässt den magier
ohne abschied

yamin und franziskus

I
durchs gestrüpp reisen
in den fliehenden mond
vorm gespräch halten

YAMIN hat seinen esel
stehen gelassen
hinterm steilen hügel
viele esel begegneten YAMIN
aus ihren augen floss
die schwermut
YAMIN sucht franziskus

2
endlich den abend
grüssen
vor tausend jahren
ging YAMIN durch die endlosen
ruinen
und fand nicht franziskus

die wege weisen
unter die apfelsinen
des hangs
die dauernd vor den
häusern
die kinder locken

3
eine gleitende taube
durchs herz spüren
geringer YAMIN

einen brennenden apfel
durch die hände stossen

einen wandernden baum
durch den weg treiben

geringer YAMIN
in franziskus ohr
lauschen die abgetriebenen wolken

augenblicke

1
stimmen vor YAMIN
wehn im rauch durchs
geäst
nur tote kinder
spielen
noch im sand
unterm tröstlichen wind

2
über die stirn
YAMINS
steigen wolken
die vertriebenen glocken
lächeln
durch den abend

3
YAMIN besänftigt
die kranken
tiger
in den dschungeln
wachen
brennende blumen
und vertreiben die mörder

letzter abend yamins

im netz der regenfäden
lauert YAMIN
die grosse spinne ist
seine freundin
hinter der spinne
betrinkt sich der morgen
hinter der spinne
verlieren die gesichter ihr lächeln
und verlassen das weinen

im netz der regenfäden
wartet YAMIN
leise hände grüssen die blätter
der grossen spinne
aus den händen flüchten
die tiere
in den letzten abend
YAMINS

wenn du schweigst yamin

wenn du schweigst YAMIN
die trauernden frauen
öffnen verborgene türen
und begleiten dich

dein schweigen ist
eine lautlose glocke
der aufstand
einer kranken oase

treibt die furcht
in dein schweigen

wenn du schweigst YAMIN
tanzende neger
betasten deine stirn
und versengen deine augen
die blumen
in deinen händen
verlieren ihren glanz

dein schweigen ist eine macht
in den tanzenden negern
in der lautlosen glocke

wenn du schweigst YAMIN
der ruf der grossen kalifen
wölbt deine träume
und leuchtet durch deine furcht

YAMIN im schweigen

yamin für h. h.

treiben durch wolken
das war YAMIN

gibts kein grau
das du schenkst
die erwartung YAMINS
die zerwehte wüste
in deinen händen

YAMIN ist die wolken
die endlosen spuren
unsichtbar auf dem gefieder
der reisenden vögel
durch den abend
YAMINS

treiben durch wolken
das war YAMIN

yamin ohne garten

1

YAMIN ohne garten
sprechen die gequälten vögel des herbstes
alle quellen schliessen die augen
und schweigen wenn YAMIN sie bespricht

YAMIN hält den gräsern die märchen vor
oder die zarten schuhe
eines schwärmerischen mädchens
die glatten grüsse der herren
unter den schatten der platanen
wenn der morgen sich entschuldigt

2

YAMIN ohne garten
der fall der nüsse
beschreibt die trauer YAMINS
alle hirten wandern
mutlos über die strassen
und trösten die hungrigen schafe

3
YAMIN ohne garten
der tod der rehe
die du zu rufen vergassest
oder das alte auto im spiegel
wer fährts

eine tür lässt sich nicht schliessen
unterm schritt öffnet sich der boden
und der regen
blendet die türme
mitten in der ebene

4
YAMIN ohne garten
die sprache der krüge
wirbt um die farben
und der tod ist leicht

die murmeln der kinder
reisen ohne ziel
die ziele warten
geduldig hinter den türen

5
YAMIN ohne garten
eine geige glüht
die fenster entzwei

unter den blättern
suchen die falter
endlos kreisend
die fallenden wolken

stimmen

stimmen im tag
schritte die träume entlang
grüssen YAMIN
weise poeten halten
die zeichen vors licht
wenn YAMIN sich verweint

stimmen im tag
geht YAMIN träume lang
die enlosen gärten
der weisen poeten

leicht

spiele vorm poem
tauben ohne gewicht
wirft YAMIN

es bleibt nichts
was ihn trägt
aus den wolken
die augen
der träumer
bleibt nichts
von YAMIN

leis sagst du YAMIN
für die blumen den abschied
die grüsse der gräser

sprechen aus dem
gang der frauen

und bleibt nichts
was ihn hält
die fragen YAMIN
vor den gläsern des abends
die leisen sprüche
der zauberer
der flug der gewichtlosen tauben

yamin im wolkentrieb

dich flüsterts nah YAMIN
das wasser unterm grund
verlassenes gesträuch
wenns einer rührt
lässt es dich vorübergehn
und lächelt sacht

YAMIN im wolkentrieb
im haus ruft eine uhr
und hält dich auf
die hand an deiner stirn
nimmt alles fort

das wasser unterm grund
wenns einer sagt
lässt dich vorüberwehn
im wolkentrieb

worte yamins

worte YAMINS
ungesprochne litanei
aus tau

niemand atmet
silbernen hauch

litanei aus
verflochtenem gras
in die flüchtenden wolken
gesagt
worte YAMINS

was dich aufhält YAMIN

sag was dich aufhält YAMIN
die erde der stern
das gestäub der rufe
die leeren krüge auf alten gesichtern

sprich mit propheten YAMIN
von erde und stern
die morschen klänge der geigen
aus deinen händen

sag was dich aufhält YAMIN
der spruch am abend
das band der klage im leeren kleid
das furchtlose schwert der propheten

sprich mit der wüste YAMIN
asche und kreide
aus den zerbrochenen krügen
der glanz der dich bricht

sag was dich aufhält YAMIN

bilder ungesehen

durchs grün des blatts
bilder ungesehen
drängen YAMIN

durch tausend stäbe geteilt
bilder YAMINS

die letzten sprünge
der müden gazellen
im schatten der blätter
der bilder YAMINS

nichts was du greifst

nichts was du greifst YAMIN

sonne im staub
abend ohne dunkelheit
in den augen der panther
mühsal der hände
den abend zu halten
über den leuchtern

nichts was du greifst YAMIN

lächelnder gruss
aus den dünnen kleidern
der damen im café
ihre panther sprechen
miteinander
gespräche der panther
der damen im café
unfasslich zwischen den scheiben

nichts was du greifst YAMIN

elegie

kannst du den abend versprechen
wenn in den verworrenen tönen
des verborgenen orchesters
lächelnde lichter kreisen

YAMIN verwandelt den park
die wege in einen atlas
die gelben flüsse die blauen strassen
trennen die wolken
vom boden der ruft

vielleicht haben die vögel
einen andern weg eingeschlagen
leichtere wege gibt es dort oben
die abende gleichen einander
und gleiten durch die töne
des verborgenen orchesters

YAMIN geht durch den park
und lobt den zerbrechlichen magier
über seinen tüchern schweben
tauben tonlose kreise
schweigend atmen die wege

unterm wind

für kurt leonhard

unterm wind vernimm YAMIN
wies spiel verblüht
verschlossene tore schweigen
wirds immer so sein

durch die krüge des abends
gleiten verschollne glocken
feierliche kleider leuchten
hinter den alten fürsten

unterm wind vernimm YAMIN
wies getane verhallt
wirds immer so sein
klang der verschlossenen tore

yamin wirbt um madame

YAMIN wirbt um madame
der sprung im fenster lächelt
vor den schmiegsamen ästen
doch keiner fängt den ball

madame verklagt die zärtlichkeit
ein seidentuch umfängt die welt
YAMIN im aufgeschlagnen buch

madame wirbt um YAMIN
vielleicht verspätet sich der zug
so spricht ein stern
doch keiner fängt den ball

die fernen fenster
für fritz und hildegard ruoff

die fernen fenster
der fernen häuser
in den händen YAMINS

der abend flüchtet sich
in die zweige
überm weg
atmen die flüsse den morgen

eine karawane
wandelt die stadt
die strassen
eine karawane
meidet die grenzen
der alten länder

die fernen fenster
der fernen häuser
in den händen YAMINS

wissen

YAMIN kennt die sprüche der weisen
er kennt sie nicht
er spricht
wies ihm gefällt
wind und gedanken

schmerz

der riss im felsen
lächelt YAMIN
quer durch die träume
der wachen augen

alle bäume
quälen die nacht
eines tages geht YAMIN
quer durch den felsen

siebzig gräber

siebzig gräber decken YAMIN
vogelfedern die sein magier blies
seine gräber fangen an zu wandern
keines bleibt am alten ort
du musst mitgehn sie zu finden

yamins stationen

1

YAMIN im ersten boot
eine fährte die du versprochen hast
vergeht vergeht die vogelfahrt
in den falten der hände
die farbigen brauen des magiers
beginnen zu reifen
im ersten boot YAMIN
an der küste erheben sich trommeln

2

durch das zweite land YAMIN
die klugen weber haben hanf im haar
die haare verweben sich leicht
in die fäden der gräser geknüpft
im zweiten land YAMIN
die furcht in den lämmern
beginnt zu läuten
und grüsst die sterbenden araber

3

im dritten schuh YAMIN
der klang der krüge wächst paläste
in den palästen spielen schalmeien
durch die fenster
werden noch morgen die sklaven geworfen
YAMIN im dritten schuh der sklaven
einem finsteren mond verkauft
und grüsst die gnade einer schlange

4
im vierten vogel YAMIN
ein glühender reisender
verkauft kästen aus eis
am nordpol segeln die müden pilger
und pflanzen gras
YAMIN der vierte vogel
die hand bleibt am fenster zurück
und schmilzt
an einer note haften die pilger
der nordpol vereist das märchen
der roten paläste

5
in der fünften karawane YAMIN
eine palme die ruft
unterm schuh flüstert sand
morgen die fünfte erde
die federn der zugvögel verletzen die sonne
am meer kann YAMIN nicht bleiben
in der fünften karawane YAMIN
der schrei eines grünen löwen
das märchen nicht fertig erzählt
flieht vor dem hunger seiner pranken
YAMIN in der palme
am weg der fünften karawane

unter den brunnen

dem andenken meiner eltern

vorspruch

viele werden sich ins blatt einrollen
und schlafen

während die wachen wechseln
vor den städten
lernst du atmen

aufgezeichnet deine ersten schritte
ändern sie sich kaum

geöffnet deine brust
bleibt sie offen
für den wintersturm

manche werden dich lehren
in den blättern zu wohnen
die dein schlaf sind

der seiltänzer
für johannes poethen

in seinem mund wohnen amseln
und machen ihn leicht

eines tages wird er die wolke sein

er wird das seil zerreißen
und die bettler erlösen

du mit dem schatten der höhle

du mit dem schatten der höhle
wart auf die flut
und stelle die gelben krüge
als mauer auf

sage den reitern
die falschen wege
verführe ihr lächeln
und sprenge die brücken

hebe den tag aus den krügen
und flüster die falter
durch die sprünge der höhle

warte auf die flut
und vertreibe die reiter

senkrechtes blau

senkrechtes blau

die gefesselten augen
der reiter
zerstören die tore

unter dem glas friert das meer

der gesang der augen
bricht das glas
bricht die tore
und das meer strömt

weil tage
für paul celan

weil tage nicht nur tage sind

abgetragene zeiten in bergen vergraben

warten
auf steinbrüche
einmal warten
auch ohne zärtlichen bast
für die hände

diesen tagen den atem abnehmen
und beeren süßen

solange erstarren tränen im stein
weil tage nicht nur tage sind

reise

durch die furt der blüten
unendliche reise
der waghalsigen dschunken

doch ehe über den morgen
der reif fällt
schließen sich die türen
sinken
sinken
hinter dem schilf
die leuchtenden lasten

macht

dieser kleine
vogel
in der mücke
wird deinen faden
zerreißen
und die gitter
sprengen
mit seiner furcht

abends

abends öffnen sich fremde fenster

wo die sträucher glühen
verstehen sich
farblose blumen

in den figuren der gräser
ruhen sich fährten aus

abends öffnen sich fremde fenster
und warten auf die glut

manchmal

es waren masken in den bäumen
als die flut kam

dann kämpften rote quadrate
oder fielen
auf fliehende tiere

manchmal floß die sonne
über die lippen
der flut
und erheiterte die masken

das meer der glaskugeln

das meer der glaskugeln

arabesken treiben segel

unter schwanenhälsen
treffen sich piraten

gesunkene schiffe
begrüßen den tang

inseln treiben handel
mit seltenen gefäßen

nun blinkt der morgen der fische

vor deinen segeln

wie ich dein boot bin
kannst du meines sein

spann dein rotes auf mein blaues segel

pflanz den mond ins meer
und lache wenn ich weine

sei ein guter steuermann
wenn ich langsam sinke
vor deinen segeln sinke
mit meinem boot
vor deinem

oase

und hinter der steppe
warten die brunnen

flüchtige gazellen brennen deine adern

selten ziehen pilger
durch giftige oasen

julia

wars schon vor deinen worten

lange sahst du den garten nicht
balkon im flüstern

sie versteckten dich zwischen vögeln
und vergilbten papieren

wars deine laute
oder rief er schon

vielleicht wagt sich der morgen noch einmal
schenkt sich der abend dann

dein atem öffnet die mauern
denn jetzt fliehen die wächter

wie sie sang

maquis

es singen nun viele in den höhlen
viele atmen unter den häfen
und treiben schiffe

viele verbergen sich im holz
bis der brand kommt

doch es fasten auch musikanten
auf den hügeln
berichten von sprechenden bergen
und locken schiffe

in den felsen wohnen nun die sänger

jetzt

jetzt möchten die farben rufen
hängt das laub tiefer
jetzt wuchern bittre beeren
in allen händen

ob in den bäumen schon das jahr singt

eine spinne schreibt versäumte küsten
tauscht die flüsse aus
und faltet den abend

bitter werden die farben

der sommer geht

der sommer geht in schuhen aus ton
die zerbrechen wenn keiner sie abends kühlt

so badet der sommer in flüssen den schritt
und kühlt seine schuh

er sagt des jahres strophen nicht mit
und noch einen schritt
auf die sonne zu
dann bersten die schuh

perlen

geduldig halten die zweige
den tag ohne abend aus

noch sind esel unterwegs
unter farbigen peitschen

jetzt kommen händler
und preisen
faulende früchte

alle werden gekauft
auch die mit verborgenen perlen

wer hat die perlen gefunden

wer hat den abend gefunden
für die zweige

eine barke grün

für karl krolow

eine barke grün
womit schon lang beladen

durchs spiegelfenster
meerfahrt
aufgelöst im hauch

eine barke grün
womit schon lang beladen

schriften
am mast
atem
am bug

eine barke grün
ohne wind
ohne segel

seht
matrosen verteilen trompeten
matrosen verkaufen vogelkehlen

oh
eine barke grün
bereitet untergänge
auf allen stirnen

eine barke grün
so leicht
in allen vogelkehlen

wagnis

wagnis im schattenraum
längst schon durchschaut

wie viele gitter
ängstigen den mund

werden die gitter klagen
den mund ohne raum

vorher kommen deine schritte
den gang aufzuheben
von gestern

dies eine wagnis
das du bist

vor der zeit

einer war namenlos
und entwarf die städte

es kamen reisende
und brachten neue farben

es kamen krieger
durch den brand geritten

im sommer starben kastanien
unter sanften händen

es kamen hirten
mit alten schriften

noch aber riefen in den schluchten
die adler das meer

sie streuten farben über die städte
und streiften durchs lächeln der herden

woran er zu erkennen war

gottfried benn / gestorben 7. juli 1956

an den aufgeschichteten türmen
die er ohne schatten ließ

an der hand
die zitterte
wenn ein anderer schrieb

ein anderer schrieb
quer durch seine rede

an dem lächeln
das er verbarg
im hof

er war zu erkennen
an den buchstaben
die er leugnete

er ist ganz ohne bilder heimgekehrt

so war noch keiner

so war noch keiner ausgefahren
die gepflückte hand am segel aufgehangen

wenn sie aufschauten
sahen sie die sonne
das meer bekämpfen

kamen reißende strudel das meer zu jagen
kamen sengende stürme das meer zu trinken

wo später unter giftigen wolken
wieder einander alle sahen
jäh und nicht mehr blind

doch der ausgefahren war
hob die zerfetzte hand vor die brust
und verdammte das meer

die sonne löschte er
mit seinen tränen

fast morgen

vor dem absturz der berge
reißt ein vogel die nacht entzwei

der blinde aus der hütte
flötet im baum
und äste schreiben noten
für den blinden im baum

im flötenohr
wohnt schon der tag

plötzlich

in die brunnen stürzen
rastlose schwärme
unaufhaltsam
regnet die trauer
auf die dächer

plötzlich heben
sich die hände der libellen
und besänftigen die sonne

blaue zelte

in den blauen zelten
kreist der rauch
und die indianer
meiden das totem des unheils

zieh die schnellen schuh an
und flieh
vielleicht ist es der letzte tag
den dir die kreisenden bussarde gönnen
oder unter den felsen wartet schon
der meister

abends wenn unter dem flachen himmel
die bunten stickereien
der tänze glänzen
schnellen die wütenden pfeile
durch die ebene

und in der tiefen müdigkeit
der blauen zelte
treffen sich die geister

dunkler mantel

dunkler mantel auf den geleisen
die roten zeichen
lehren den flug

aus der nacht springt
eine tänzerin
über die wandernden teppiche

meer

meer im schneckenhaus
ruf im muschelohr
lang sind alle städte schon zerstört

der wind ist eine taube
wird einer sie fangen

immer sprechen
die tauben
vom meer

grillen

werden brücken sich verschließen
grillen ritzen an den pfeilern

knabe träumt im grillenauge
und die brücken öffnen sich

durchsichten

I
untergeordnet wieder
dem blütenstaub
und ohne zornigen helm

genau
in der mitte eines spiegels
sagen

wie früher
als die drachen
das jahr begannen

2
sprechen vom frühling jetzt
allen aufbruch verheißen

später
wirst du
auf einem bogen papier
deine wohnung aufschlagen

3
früher waren alle meere wolken

ohne durst
tranken die gaumen farben

wandlung
für kurt leonhard

plötzlich wird der fremde mann
hell und heiter
sieh er kann
seine leiter
an den himmel lehnen
und den schönen
auch bizarren
wolkenfrauen
dinge sagen
unverständlich
selbst für dich

kasper

du bist kasper
deine augen
treiben längst am andern strand

hinterm glashaus strampeln beine
sind es deine

eine mutter sucht die knöpfe
grüne rote blaue
doch die straße ist schon dunkel

wärst du kasper
flögen plötzlich
helle vögel
durch die fäden
deiner freude

komm schreibe mit

komm schreibe mit
nur diese zeile
wird september das boot sein

im wein wartet angst
und will fässer schwärzen

jetzt aber dies eine glas
das mit buntem rand

wohn im händehaus
flieg dich warm

sprüh dich in augen ein
befiehl den blicken das meer

befiehl dieser zeile
im september zu sein
lang vor den gläsern

treppen

immer wandern treppen
vor deinen schritten

schlaf hat gesprochen
in den häusern

aber schon steigen treppen
und zerbrechen die berge

fest

den freunden

noch die zerfaserte ferne
woran du hängst

lampions für diesen tanz
für dieses schmale fest

später schwingen masken
über der stadt

und der plötzliche einbruch
unter dem tanz

mit mirabellen werfen sie lächelnd
sich alle tage zu

jetzt
unter den bäumen zu trinken
stumm die toten zu sammeln

kindergedichte

für mechthild

kinderlied

fünf türen
zum anklopfen

den wald verstecken
wo sie wohnen

wo wohnen unsre puppenhände

fünf hände
umfangen den wald

so schreit der vogel
aus dem puppenmund
such
such

fang den vogel
der in puppen stirbt
fang das puppenauge

fünf türen
gehen niemals auf
schreit ein vogel dahinter
singt eine puppe dahinter
werden dahinter deine hände alt

ein kind

ein kind findet den mittag
und ruft den mond

eine blume im O

fahle bäume schenken angst

das kind lobt den see
und verschwendet wolken

wieder wartet
auf eine kinderzeichnung

der mond geht ohne fuß
und singt
weil die wolken
hinter den gebirgen farben mischen

und die pfirsichbäume
trauern in ernsten mänteln
vorm regen

wieder wartet der mond
in den pfirsichen
auf den gesang der kerne

nun gehen alle kinder schlafen

nun gehen alle kinder schlafen
nun haben die glocken zu atmen begonnen
nun trägt im glockenraum
der atem bitten fort
wohin wohin

fahr auf sanften wagen durch den schlaf
rühre keine wimpern an
zerpflücke kein lächeln
und keinen stern

trage den stern auf deinen lippen

jetzt schlafen die kinder den lauf der welt
schweige schweige
treiben träume den umlauf der welt
schweige schweige

auf dünnen schuhen geht ein mann
und spielt den atem der schläfer leer

lausche lausche
einer kommt
atme nicht

stirb nicht
sage den kindern
sie sollen schlafen
wenn die welt zerbricht

trauriges märchen

dem könig bricht die krone
dem haus birst das dach

zähle wieviele perlen die krone trug
wieviele ziegel das dach
zähle

zähle des königs augen mit
daß sie nicht mehr weinen können
zähle des hauses zimmer mit
daß sie nicht mehr brennen können

es geht der könig im kreise
spricht
wo ist meine krone
wo ist mein haus

zähle die tränen zähle

du im leib der schlange

die geburt des dichters

wenn im fleisch der schlange
niemals endende bitternis
wenn in stürmen sagenhafter atem
vergangener epochen erwacht
wenn im untergang des kolibris
die götter ihre siege feiern
wenn die tötenden rufe der wilden klingen
wenn der wogende wald brennt
wenn aus furten straßen werden
und wolken
und flammende gebirge
wenn aus dem basalt gesichter sich formen
bestürzende fratzen der unkenntnis
wenn die wildnis sich öffnet
wenn dies alles sich aus göttermund erbricht
: ein taumel
: eine sturmflut

du aber im fleisch der schlange
lausche der endlosen stille

niemals hast du die schlange
du im leib der schlange
benannt

nenne sie
: frohlocken
nenne sie
: wagnis
nenne sie
: tod

wo unter den zähnen der schlange
sprach er schon
sah er den vorhang der giftigen nadeln bewegt
von stilleren winden
von flaute auch
doch er spürte den zugriff
und bäumte sich

wagnis dieses einen wortes
nicht
: vielleicht
und nicht
: kommende augen
und nicht
: der milchzahn des kindes
von dem du heil weißt

dieses heiles ungewiß
du im leib der schlange
du
der orkane meister einst
und noch aufgehoben in den stürmen
der städte

?jetzt?

sieh wie die bildermüde hand
erfahren im zuschlag der steinbrüche
und der großen statuen
unerfahren in kosender gebärde
sieh wie sie den reif sprengt

jetzt atmen
in den dämmernden kulissen
jetzt nicht mehr

wo waren die andern nur
die andern
mit farbigen kleidern
und kühneren tänzen
den toll gewordenen kürbissen
aufgewucherter bäuche
und der verjährten liebe
jener städte die du besangst
atme noch
atme

nun folge des gedichtes verschlungenster windung
nur in den klüften
weißt du sätze heil

niemals aber du
während die winde sich schlagen
du wandernder kolibri
du mordende schlange
du unter der höchsten krümmung
oft genannter und oft vergessener gebirge
du
der nicht weiß des andern namen

sage den namen
sage des andern namen
schreibe ihn über die tür
schreibe ihn auf den gleißenden leib der schlange
: unheilbekenner
: unheilverkenner
: sonnenfresser
: sonnenanbeter
: flüsseverleiter
: flüsseverkünder
: erdenzerreißer
: erdenbauer
auf den gebirgen anderer erden
wirst du ihn atmen
diesen namen
diesen gesuchten namen
sand zwischen den silben
gold zwischen den buchstaben
immerhaftender mörtel des gedichts

einmal hätte es sein können
daß in der dauernden fortbewegung des leibes
dessen nahrung die öfen der vulkane sind
die schreie stählerner türme
die bitteren wurzeln längst ausgerotteter blumen
hätte es sein können
in der aufschnellenden bewegung
dieser jagd
daß unter der trägheit des weltbauchs
sich das gesicht löst

: maske!
aus mattem stein
welcher bei reibung sich entzündet

kupferne maske
von schwitzenden sklaven geschmiedet
purpurnes aug
starrendes aug
unsichtbares aug
und wieder sichtbar
in der anbetung der sklaven
sichtbar im feuer und in der asche
sichtbar im wurzelsaft der ausgerotteten blumen
: maske!

du im leib der schlange
auf dem grund der sätze
unter dem scharfen zugriff der zähne
bäumst du dich
verletzte gestalt

spielgeist spiegelgeist

gedichte 1959–1961

spiegel

olmütz 1942–1945

vom bischofsberg die haube –
verwest denn hier kein stein?
das kind spielt in der laube
– ein wappenbild mit taube –
das kind spielt: ich bin klein.

die mutter springt ins feuer
die gasse stülpt sich um –
ein bischof im gemäuer
speist säulenungeheuer –
das kind spielt: ich bin dumm.

der vater bannt das wasser.
der sprungreif bricht entzwei –
ein schwarzer aderlasser
versammelt tausen hasser –
das kind denkt zweierlei:

es denkt: die wassergasse
der fluß erstarrt zu stein
und eine winterblasse
prinzessin taucht hinein.

es denkt: die flüchterflüche
nun wandert auch das haus.
der zaubrer in der küche
spült jedes lächeln aus.

vom bischofsberg der segen –
kein bild wird jetzt gemalt.
wir wollen die puppen in gräber legen
und unsern knochenmann freundlich pflegen –
das kind spielt: ich bin alt.

der mohr

der mohr der manchmal mit mir geht:
ich könnt ihn malen doch er ist schon weiß –
weil er sich auf einer kinderwunderscheibe dreht
verlaß ich seinen kreis.

doch wenn ich traurig bin da hält er an,
verbeugt sich, steigt von seiner scheibe –
schwarz streicht er meine finger an:
damit ich sanft von seiner unrast schreibe.

zwei traumfiguren

der setzt die maske auf der setzt sie ab
der spricht wenn andre schweigen
der wohnt in alten geigen
der gräbt sich selbst sein grab.

der flüstert sich zwei augen hin
der einen berg den keiner zwingt
der streicht sich silber an das kinn
das (wenn ers schlägt) wie zymbeln klingt.

es könnte sein wenn du nach ihnen fragst –
sie sind nicht da sie werden es nicht sein:
der eine wechselte das sein mit schein
der andre starb an dingen die du sagst.

an den weber jean lurçat

hast den hahn schon eingewoben
rot mußt du die federn loben.

leg auf hörnern dich dann schlafen
oder baue schnell den hafen –

trapezunt – trompeten reisen
die dich unter meere weisen.

auch den zorn vergiß nicht – grün.
flache geister die nur fliehn.

noah grüß den sternbildalten
das gewebe wird er halten.

paolo uccello

perspektive ordnet reiter und die hunde,
häuser zählt sie an der kette auf,
schnürt die zeit und schmält die stunde –
spiegelt sich im vasenknauf.

auf den wappen läuten jetzt die glocken.
frauen wandern starr ins bild.
selbst die blumen lassen sich nicht locken,
wenn die linie auf das weltherz zielt.

pferde halten mit den reitern
sich im schwung – und der wird eis.
keiner atmet. doch in wäldern
singt der späher allesweiß:

»wer die perle malt der malt die lippe –
wer die stunde malt der malt den raum –
wer die ruhe malt der malt die wippe –
wer das ganze malt der malt den saum.«

zeit verliert sich im geraden
und im kelch zerspringt das rund.
auf das grün wird aller wunsch geladen,
die bewegung läutert sich im hechelhund.

nur im faltenwurf der spitzigen sekunde
klirrt ein wunder aus der chiromantenzahl –
raum ist alles, zeit ist keinestunde,
für die linie findet sich die runde,
schwarz wird weiß, damit sich beides munde –
und das auge baut sich seinen saal.

für drei hände

zur erinnerung an clara haskil

finger einer finger zweie
daß sie dir die lichtspur leihe –
hände zweie hände dreie:
und die dritte ist aus luft
hört wenn sie die spieluhr ruft:

kleine spinne eingewoben
arielisch um zu loben
faunisch dann im wundergrauen
spitzentanze mit den frauen
die am abend in dem blauen
kreisel klammekleine feen schauen –
und die geister
die dort leben
holst du her –

aufgeschlagen zugeschlagen
wird der weiterwisprer sagen
murmelnd dich zum weltohr tragen
wo das stumme stimmen tragen.

römischer fisch

für h. b.

mein fisch schwimmt im stein.
die alte farbe dörrt. er schwimmt allein.

mein fisch steckt im kieselnetz.
wacht schuppenstumm vor dem gesetz.

gewitterbild

wenn sich das gewitter an bergschultern reibt
besuche den der feuerbriefe schreibt
der alle schimmel ins rappenland treibt
und in den flüssen trocken bleibt.

dort hockt der zwerg der immer singt
das fluchhorn schlimm zum heulen bringt
und in den erdenfäden schwingt
die ein vulkan voll zorn verschlingt.

mitteilung vom see

nicht die schuppen sind der fisch,
hast sie längst gefunkelt –
drüben flitzt ein flederwisch,
dort hats nachgedunkelt.

unbesprochenes kristall
widerruft das ufer –
glimmert den prophetenwall
für den wunderrufer:

der tritt vor und schöpft das land,
läßt die welle in den stein,
baut sich städte unterm sand,
tauscht das meine mit dem dein.

rat

müdigkeit – dort schlafen kind
auf den wiegenden trommelästen
und treiben in geteerten kästen
auf sickerndem meer. du bist blind.

du bist gelähmt. in deinen tauben
ohren rauscht der fahrtwind rauscht.
dein fahrzeug hast mit wellen du vertauscht
die an den knochenküsten schnauben.

schlaflos – dort wachen kind
augen aus milch den fischen schenken
mit schläferarmen stürme lenken –
schon spürst du grund. das meer verrinnt.

du findest heim

für ofr

du findest heim –
das flußbett ist schon trocken
seiltanz ist die übung dieses tags –
laß dich von keinem gaunervogel locken
und wenn du müde bist dann sags.

du findest heim –
leg dich auf eine feder
versuch den flug der deine erde kennt
denn auf dem fluchtweg grüßt dich jeder
und du bist tot wenn dich nur einer nennt.

du findest heim –
die häuser sind schon offen
und alle dächer taumeln jetzt zum meer –
trau nicht: es heißt dich einer hoffen
und wenn du da bist schmerzt der absturz sehr.

du findest heim –
in puppen bläst der wind
trink ihre augen röte ihren mund –
sie suchen. verstecke dich in einem kind.
dort liegt die träne auf dem grund.

der liebende

er erfand die nacht
er erfand die täuschungen des atems
und die vielfalt der hände.

er erfand die tür
die sich nur zum hereingehn öffnet
und den wind der spricht.

er erfand
ein paar wörter
die niemand ändert
und die sich dauernd ändern.

er erfand den lächelnden tod.

wiegenlied für stefan

wo träume noch in nußschalen gehn,
wo hinter fenstern zauberer stehn –

eine wiege blau eine wiege rot,
schaukelwolke binsenboot –

kann auf den sternen um die sterne reisen,
kann mit dem schlaf den zwergenschlaf beweisen –

geht in träumen um als wär kein tag,
wo ist die welt so rund noch – sag?

baiabong

(auf einem bild des fotografen hilmar pabel ist zu sehen: ein chinesischer vater, der auf den schultern eine stange trägt. an das eine ende der stange ist ein korb mit reis gebunden; in dem korb am andern ende sitzt der kleine sohn.)

baiabong –
die wiegenwaage
wiegt den reis und wiegt dich auf
singend wippt die bambustrage
an der seidenschnur der tage
zählt sie dir dein leben auf.

baiabong –
die schüttelstunde
schluckt den schatten wendet ihn

dieses mittags stete runde
reibt die heiße schulterwunde –
baiabong
        ich bin ich bin

auf eine spielplanke gekritzelt
für boris

die feuerbas hat dich verlacht:
wer hat den wolf in den pferch gebracht?
wer hat den hut zur kirch gemacht?
wer hat dem sinn in die flügel gedacht?

der auf dem halm sitzt, der schwankt gut –
denn nur im matten schwitzt der mut.
die feuerbas bläst fahrt aus wind –
fahr wohl! sie ist im wasser blind!

im zwischenland

in den zankapfel hast du gebissen
und das gesicht nicht verzogen –
dann hast du den bittbrief zerrissen
und bist nach äternien geflogen:

dort wo mumien und papageien
auf drei füßen am strand spazieren
dort wo schön verschlissene lakaien
leere gräber mit schriften verzieren –

dort wo ein pferd mit flügeln
den abend in den mittag zerrt
hockt der witz auf silberbügeln
und wird niemals eingesperrt.

aus dem laut rufst du ein leise
und besprichst den uhrensand –
niemand fragt nach deiner reise:
jeder kennt das zwischenland.

der letzte elefant

auf eine zeichnung von werner vom scheidt

ich bin der letzte elefant.
vor hundert jahren fand
mich ein schwarzer prinz und band
an seinen traum mich fest.

der prinz ist tot. und meine haut
ist schwarz vom wetter angerauht.
auf meinem rücken war ein haus gebaut –
dort saß mein prinz und hielt mich fest.

ich konnte tanzen. ich war leicht.
man hat mich einst von hof zu hof gereicht:
seht diesen elefanten dem kein andrer gleicht!
und zog mir bunte decken über für das fest.

dann kam der brand der elefantentod.
die wälder sanken ein und auch die märchen starben.
die häuser wurden schwarz die erde rot –
das letzte fest war wild in seinen farben.

die prinzen starben und die löwen auch.
die tore schlugen zu das reich zerfiel.
der zauberer versuchte es mit götterrauch
doch jenem gott wars nur ein spiel.

ich bin der letzte elefant.
mein prinz ist tot. an einem strand
wo ich die wälder nicht mehr fand
hüt ich den letzten baum.

da singt kein vogel. nur der wind.
und sand macht meine augen blind.
vielleicht nimmt einmal doch ein kind
mich mit in seinen traum.

zeilen für k. n.

tropf schlafwurzel tropf!
beschirm den fragekopf
behüt die geister und das haus
laß aus der fabel keinen aus
verding dich in das kalte wesen
lehre tote wieder lesen
lock das immerleben her
traue keinem fänger mehr
schreib dich in das wasser ein
sei getrost im winterwein
setz den morgen auf die schwelle
schaff das meer mit einer welle
sei in allen sei in keinem
wurzle immer nur in einem:
tief in jenem grüblerkopf –
tropf schlafwurzel tropf!

wer?

ich wohn im flüsterkiel,
schon lange totgesagt –
nur eine regel von dem spiel
hat mich bis jetzt geplagt:

wer zählt die toten unterm wasser
und wer die toten überm wind?
wer zählt die töter und die hasser,
die unversehrt geblieben sind?

wer zählt die ungebornen kinder
und wer die namen ungesagt?
wer zählt die schätzenden die schinder,
wer hat die schläger je geplagt?

nun wart ich auf den sturz der tage,
wo dieses spiel sich selbst erfüllt –
wo jeder jammer jede klage
sich an der gegenstimme stillt.

gruß an die dinge

guten tag zierliche feuerlippe –
guten tag gewöhnlicher schlummerschopf –
guten tag launische kinderwippe –
guten tag gespaltner spötterkopf!

guten tag gramgraue wartenacht –
guten tag schönes haus ohne fenster –
guten tag trostbalg aus stroh gemacht –
guten tag alle zeilengespenster!

wir wollen miteinander tanzen gehn,
wir wollen die wörter von hinten ansehn,
wir wollen die decke zum boden machen –
und mit den toten wollen wir lachen!

wir wollen die stimmen zum reden bringen
wir wollen in festungen löcher singen,
wir wollen die starken auf schwache spießen
und mit den sternen wollen wir niesen!

guten morgen bewegliches widerwort,
guten morgen verwirrender kreis –
guten morgen! geht ihr schon wieder fort?
verabschiedet euch bitte leis.

bittlied
an den heiligen franz

schlaf franz schlaf
der vogel wegverzehr
und auch das kleinste schaf
der herde
wärmen die erde –

sing franz sing
die lerche bleibetreu
die in dem feuer hing
und sang
wer macht sie bang?

bet franz bet
der adler wageviel

der deine stirn anweht
mit nacht
hat sterne angefacht –

wein franz wein
die krähe weltvertreib
schlägt alle häuser ein
der erde
bet für die herde –

droh franz droh
die elster wortzerschlag
die aus der güte floh
mit schelten
laß sies vergelten –

bleib franz bleib
das lamm meineschuld
und auch der schwarze leib
der erde
sind deine herde –

lied gegen die furcht

dreh den stern wenn das wasser steigt,
laß die länder fahren –
heb die hand die nicht mehr zeigt,
spotte zeit und jahren.

grab ach grab die herren ein
und den allestöter –

ruf dein wenig aus dem kein,
hauch die blässe röter.

dreh den stern, wenn die erde reißt,
fürchte nicht den graben –
lieb das kind das niemand heißt,
kannst es auch nicht laben.

dreh den stern wenn die zeit zersprüht:
sand war auch die stunde –
lob den stein der wieder blüht,
geh die murmelrunde.

dreh den stern, wenn alles fort:
haus und stern und runde –
rühm den kreis und rühm das wort:
stern und stein im bunde.

spiele

nachwort von kasper

der kasper den du vor vielen jahren an den baum
gehangen
nun ist er plötzlich tollend fortgegangen.

er hat das meer geteilt das du voll mühsal übers land
getrieben
und ist im aberland zu lange ausgeblieben.

jetzt bläst er vögel auf und lehrt sie bauen
und setzt den widersinn ins wohlvertrauen.

netzt wüsten sanft und schlitzt dann wolken auf
tanzt mit den schattenschustern wild im regentrauf.

rollt jeden abend alle grenzen ein
und teilt in karos auf den vorjahrssonnenschein.

nur spiegel scheut der kasper sehr,
dort sieht er einen kasper mehr.

er dehnt die kreise aus und treibt sie bös in ecken
verläßt das echoreich um widerruf zu entdecken.

und setzt an abenden die leise sind
auf einen drachen sich – reizt gegenwind.

er weist die narren aus und läßt die weisen ein
und fädelt sich in eine rätselnadel ein.

er schluckt den gram den ihm ein andrer gab
und lockt den treuen kasperfreund aus seinem grab.

der kasper den vor vielen jahren du an einen baum
gehangen –
am letzten sonntag ist ihm jäh sein kasperatem
ausgegangen.

arlecchino

für k. n.

den rotkopf ausgehöhlt und dann geschoren –
wer rappelt hier? wer ist noch nicht vergoren?
wer spielt das mausespiel mit spitzen ohren?
und hat den wandelwitz noch nicht verloren?

er spielt. sitzt still! kostüme ziehn vorüber.
er lockte einst den geist der nasenstüber –
nun schläft er sich aus sich hinüber
und legt behutsam seine alten häute drüber.

altes spiel

immerhin und immerher
lockt das nein zur wiederkehr
setzt den spöttern nasen auf
nimmt den fliegenleim in kauf –

heißt die wände dünner sein
schmilzt das lachen härter ein

hängt sich bunte fetzen um
immerhin und immerdumm

immerleis und immerlaut
hat die welt ins loch gebaut
hat den argwohn umgetauft
und das feilschen rasch verkauft.

immerher und immerhin
blinzeln aus dem widersinn
der auf dünnen beinen geht
und um keine hilfe fleht.

lied von einer puppe

samarsena – zauberpuppe!
einst geboren aus der schuppe,
einst geschält aus apfelsinen,
die der wüstensüße dienen –
samarsena willst du nun
in der händehütte ruhn?

willst du deine zappelglieder
– zuckend durch die stammellieder –
legen in den bittern napf,
ausgehöhlten schwarzen zapf?
endlich schlummern willst du nun,
hölzern dich in wolle tun.

samarsena – zauberpuppe!
von der letzten glimmertruppe –
hast du jenes spiel vergessen?:

auf dem satz bist du gesessen,
hast ein wort dir zugespitzt,
bist durch den vokal geflitzt.

willst dein holz zum singen locken?
willst den laut so laut wie trocken?
oder jenen amselmann
ders mit jeder mamsel kann?
endlich willst du puppe nun
nur im puppenholze ruhn?

samarsena – zauberpuppe!
kommt in wollener schaluppe
auf dem weltmeer angereist,
das zum nirgendlande weist –
nirgend ruht die puppe aus,
niemandmauern hat ihr haus:

will dort hausen will dort lehren –
samarsena – zauberpuppe!
will vom spielwitz lange zehren,
eingehüllt in ihre schuppe,
will den geist zum günstling machen,
fesseln mit dem keinerlachen –
will ihn schnürn in siebensachen,
ihn im feuer dann entfachen.

eingeschrumpft zur flatterschuppe:
samarsena – zauberpuppe!
wird sie keinen mehr entführen,
zugeriegelt sind die türen.

zum auszählen

wer ruft ins loch: streich das eselsohr glatt
und hat schon den mondmann betrogen?
wer schlägt jeden abend zwei geister platt
und hat sich selbst belogen?

wer flieht ins loch wenn der knüppelsack droht
und knetet den spaßkopf zu brei?
wer bringt eine lungernde fliege in not?
wer sagt einmal eins ist drei?

der sitzt jetzt im loch und pfeift darauf –
der mondmann stopft es zu
und hört nicht mehr zu singen auf:
der mondmann der bist du!

dem spiegelgeist

in den spiegeln ein und aus gehn
stumm durchs wasserhaus wehn
in die spiegel blinde pflanzen
dort wo widerwelten tanzen
dort wo greise silbern segeln
spiegelmaß mit spiegelpegeln –
hinter spiegeln wieder fortgehn
sehend an den blinden ort wehn
fragen sammeln und bewahren
gesten hüten lächeln sparen –

dort wo stumm dem blind vertraut
ritzt sich geist in spiegelhaut.

verwandlung

treibe um und treibe aus
schmücke dir das rätselhaus
schließ das tor
stopf das ohr
stell den stummen stein davor
– wirst dann singen können!

reiß dich aus und pflanz dich ein
reib dich in den hüterstein
sei kristall
lausch dem fall
aufersteh im widerhall
– wirst dann schweigen können!

murmelverse

niemand mag den schmurgelstein
tupfengleich und blink –
reib die nase glatt und rein
an dem schnurreschmirgelstein –
auf drei beinen hink.

pfropf den mond ins plunderhorn
glimmerdünn und weiß –
geh dann weiter ungeschorn
durch das krumme wunderhorn –
zahl den flunkerpreis.

der spielgeist (1)
für h. h.

er schüttet wieder alles aus
augen spiegel und das haus
fletscht die zähne bändigt bilder
stimmt klaviere um und milder –

schwarz schwarz schwarz
die hand die lippen
mal dem wind aus nacht die rippen

er steckt wieder alles ein
wunderstaunen spiegelschein
wiegt den hauch noch viel zu leicht
hat die unruh sanft gebleicht –

blau blau blau
die stirn die haare
gib dem umweg tausend jahre

er schenkt wieder alles hin
wechselspruch und zögersinn
löst sich auf und treibt drauf zu
wechselt die gestalt im nu

weiß weiß weiß
die schwindlerfrage
leg das nichts auf eine waage

der spielgeist (2)

aufgestöbert und zerbrochen
spielzeug an den kleidern baumeln
liest musik aus seinem taumeln
hat den aberwitz gerochen.

steigt ins lachen taucht ins weinen
sammelt beides streut es aus
schickt den sand ins wetterhaus
hält den andern für den einen.

klingelt kleistert klirrt und klopft
spottet türen reizt die zahlen
jubelt wenn ein knurrhahn tropft
und beginnt den laut zu malen.

Neue Gedichte

Novembergedichte
(1971)

1

Ich frage mich,
was ich aufheben soll.
Viel habe ich zusammengetragen
in den letzten Jahren:
Für wen könnte es nützlich sein,
wer hätte Spaß daran?

Es ist nichts, ich
bin sicher, es
ist nichts wert:
der Hass der andern
sammelt sich in wenigen Zeilen,
ein endloses Echo,
durch das ich wandere,
längst taub,
heiter von den wenigen
Sätzen,
die ich auswendig lernte,
um atmen
zu können.

2

Wäre ich mit ihr schlafen gegangen,
hätte ich ein Zimmer kennengelernt,
das ich mir ausdachte,
wenn ich nicht schlafen konnte,
so
streichle ich ihre Wange,
spüre ihre Schenkel an den meinen,
so
verabschiede ich mich
mit meiner Fantasie,
die Türen öffnet
und zu lange wartet.

3

Ich habe früher viele Briefe geschrieben:
Ich möchte dich sehen,
bald,
komm morgen,
kämst du heute schon.
Habe ich es verlernt?
Oder ist,
was mich stumm macht,
gestiegen
und löscht die Adressen,
die ich bewohnen wollte.

4

Das sechste Stück
von Schumanns Kreisleriana
ist bezeichnet

»sehr langsam«:
ich höre es lieber allein,
ich höre es
immer
allein,
und jetzt bin ich weit weg
von denen,
die
meine Geschichte kennen
und mich aufsagen könnten,
damit ich bleibe.

5

Anfänge ausprobieren:
ich bin in eine Stadt gekommen.
Sie bemühten sich vergeblich,
einander
zu treffen,
oder:
Am Abend ging die Dame aus.
Und dann,
ohne Absicht,
ein paar Sätze sagen,
die den Anfang vergessen,
nichts mehr erinnern,
endlich Zeilen,
aus denen ich hinausgehen kann,
ohne ein Wort
zu verlieren.

6

Natürlich kann ich mich unterhalten
und
mein Gelächter ist bekannt,
aber
wo lebe ich
und wer
kennt noch die Stichworte,
die ich brauche,
um hier zu sein.

Schwäbische Alb
(1971/72)

1

Niemand rief
die Baumherde zurück,
als sie sich den Hang
hinunterstürzte
und im Echo aufging:
solche Lieder haben
sie früher
gesungen,
schön,
und sie mordeten nicht ohne Gefühl.

2

Ich habe in den Briefen
Hölderlins gelesen.
Dann bin ich spazieren gegangen.
Dann habe ich aus dem Fenster geschaut.
Dann habe ich in der
Wirtsstube
einen Fleiner bestellt
und in der Zeitung gelesen,
Herr Mayer,
der Wohltäter des Tals,
sei gestorben;
»sonst machen die seltnen
Schönheiten
der hiesigen Gegend
mein einzig Vergnügen«.

3

Unterhaltungen
mit einer fernen Gegend,
von der ich viel wußte,
die jetzt wiederkehrt,
ausgekühlt
und endgültig unbewohnt.

Widmungen
(1965/1970/71)

Für Fritz Ruoff

Vor zwanzig Jahren Bilder,
die das Feuer höhlte,
schmelzende Räume
und Gitter,
hinter denen Asche sich häufte;
Gespräche über das Grauen
und die Gefangenschaft der Ideen;
Lehrstunden über Résistance und Alleinsein.
Kein Wort der Freunde,
kein Zuruf.

Aber Spaziergänge über den Berg
und die steigende Ruhe.
Gefährliches Schweigen.
»Drunten im lieblichen Tale«
die Stadt,
die ihn unterschlug.
»Nur hier kann ich sein.«

Dann die schwebende Auskunft,
ausgekühlte Sonnen überm Fluß,
und Kindermonde,
die strengen Figuren jenes Schweigens,
in dem er sich eine Handvoll Antworten gab:
die Linien für den Schmerz,
das Lachen,
das Denken,
und Nürtingen vorm Fenster,
ein Leben lang.

Windspiel

Mein Hund, den ich nicht habe,
nachts winselt er,
flieht das Haus,
meidet Spaziergänger,
erschreckt die Winterfliege,
beißt Stuhlbeine dünn,
nur
daß ich ihm keinen Namen gegeben habe:
Fafnir oder Bello,
grämt ihn.
Tagsüber gibt er sich nicht zu erkennen.

Epitaph auf Marilyn

Was Arthur schrieb,
war nicht das schöne Fleisch,
die künstlichen Tränen,
die Pailletten der Fünfziger,
Chanel Nummer fünf
als auswendig gelernte Antwort
auf den Neid der Mageren,
die Gier der Greise.
Manche mochten es heiß,
was fror.
Kein Wahnbild für möblierte Herrn –
eine Prinzessin aus den Fürsorgeheimen,
mit geringen Kenntnissen
in Orthographie
und verabredetem Glück.
Am Ende Telefon und Tabletten,

ein Rest von Chanel Nummer fünf,
die Dessous der Fünfziger,
aber kein Wort von Arthur und anderen.

Für Szondi

Sie sagen, ich spiele,
sie sagen nicht, womit und wie,
sie wissen nicht, ich bin schwer,
der Bestand an Trauer
nimmt zu,
und was ich mache, hält mich nicht mehr aus.

Ich rufe die Kinder,
gehe im Garten auf und ab
und verliere den Tag,
diesen Tag,
aus dem Gedächtnis.

Mit Szondi aß ich
am vierundzwanzigsten April
im Schweizerhof.
Jandl war dabei.
Ich weiß nicht
mehr, worüber
wir redeten.
Ich seh ihn,
die Schultern nach vorn
und fast schon
ohne Erinnerung.
Seine Stimme
kann ich
nicht hören.

Wie lange gelten die Spielregeln,
wenn einer sie kennt;
die Entfernung wächst
und die Unlust, den andern zu überreden.
Ich rufe nach den Kindern,
sie hören mich nicht,
sie spielen.

Selbstporträt 72

Jetzt,
wenn ich mein Gesicht
im Spiegel sehe
und nachdenke
über das Alter der Haut, der
Augen, und wann
es zu reden anfängt:
nicht mehr der, von dem
ich weiß, er wollte
hindurchgehn und nichts
hinterlassen als seine Masken:
Sätze und Figuren,
einige Wörter, die
ihm nachreden, ohne
Spott, aber lachend, und
mit Lust,
jetzt,
wenn ich
ihn ansehe,
lerne ich sein Alter und
die gewohnte Verzweiflung die
die Haut nicht spannt.

Anreden

Gedichte aus den Jahren
1972–1977

Einem befreundeten Maler

Was,
wenn sich Farben und Figuren
nicht mehr
ändern;
was, wenn der
tägliche Blick aus dem Fenster
sich leert;
was, wenn die
Landschaft schwindet
und der Mond,
die schwimmende Kugel,
deinen Himmel verläßt;
was,
wenn die Dinge
ihren Schatten schlucken
und das Licht
nicht mehr wärmt?
Weißt du die Bilder
danach?

An einen Freund

Der unverbrauchte Tag
will bitter werden –
nimm deine Gedanken
nicht zurück, doch
spare sie auf und
versuche zu reden
von leichteren Dingen,
vielleicht von der
Eiszeit, die unsere
Enkel erwartet und
von der Freundlichkeit Weniger
unter Wölfen.
Dann laß uns
verständig
schweigen.

Erinnerung an eine Landschaft am Mittelmeer (Sanary-sur-mer)

Ersticken am Schweigen
anderer
in dieser Landschaft
mit zuviel Geschichte.
Sinnvoll wäre es
alles
zu vergessen,
Felsen wieder
zu schichten,
Bäume neu
zu erfinden,

Wege
zu löschen
und jene Stimme
zu sein,
die zum ersten Mal
spricht.

An einen Emigranten (Walter Benjamin)

Der Frost sitzt dir
im Mantel,
sei es Sommer
oder Herbst.
Wartesäle treiben dir
die Erinnerungen
an Salons aus.
In den ausgebeulten Taschen
sammelst du Papiere
für Grenzübertritte, aber
die Grenzen wechseln
vor deiner Ankunft.
Wer mit dir spricht,
merkt, du bist schon woanders.
Nicht dort,
wo du sein wolltest.
»Ich kann mich nicht
verabreden«, klagst du,
»die Zeit verfügt über
mich.« Du sagst: »Die
Gegend, an die ich denke,

hat mich
aus dem Gedächtnis verloren.«
Du bist deinem Tod
auf den Fersen
und fragst dich seit
längerem nicht mehr,
wann du ihn einholst.
Denn welcher Wartesaal
ist dir teurer als
der andere? Welches
Leben billiger als deines?

An ein Haus in der Bretagne

So leicht
bewohnbar.
So heiter.
So erfahren
im Wind,
und die Sommerwärme
speichernd.
Aber
ich frage mich,
abends auf der Terrasse,
den Freunden lauschend,
die Spiele
der Kinder einsammelnd,
wer hat damals
die Fensterläden
geschlossen
und gewartet
auf die Mörder,

wer hat die
falsche Spur gelegt
für die Bluthunde,
wer hat das Gewehr
an die Wange genommen
in der Dämmerung
und gewartet?
Geht einer von denen
am Haus vorbei,
grüßt zu leise
und spart,
um des Hauses, des Abends
willen
das Vergangene aus?

An Mörike

Wenn gegen Abend
ins sparsame Licht
die Krähen einfallen
und
die Stimmen
in den Gasthäusern
lauter werden,
wenn die Mesner
angehalten sind,
den Abend
zu läuten,
wenn die alten Frauen
hinter
geschlossenen Vorhängen
ihre Verwünschungen

auszusprechen wagen,
wenn die Briefe
der Freunde
leergelesen sind
und Horaz nicht mehr
hilft,
säuft er sich
endlich
einen Rausch an
und es bekümmert ihn
nicht mehr,
daß er
seinen Zorn
nicht schreiben kann.

Schubert

Weil er zu vertraut war,
wird er nun fremd.

Seine Wanderer trafen
auf wenig Freundlichkeit,
immer verschlossen sich
die Häuser, die Nachbarn
waren aus Stein,
die Mädchen, deren Bild
er bewahrte, gehörten
andern, und
sein Winter endete
nicht.

Er wußte, die Erde
kühlt aus.

Auf ein Selbstbildnis von Carl Philipp Fohr

Carl Philipp Fohr (1795–1818). Bedeutender Landschaftsmaler und Zeichner der Romantik. Seit 1816 in Rom. Ertrank mit 23 Jahren im Tiber.

Wenn nichts mehr
von vorher ist,
nichts
als die Linie,
nichts
als der Gedanke
an ein
zarteres Licht,
nichts
als die aufgegebene
Sprache,
dann wird er
durch geschlossene Türen
gehn,
durch sommerwarme Mauern
in den Fluß.

An Stäudlin

Gotthold Friedrich Stäudlin (1758–1796). Advokat in Stuttgart. Freund Friedrich Hölderlins. Herausgeber von Almanachen und – als Nachfolger Schubarts – Redakteur der »Vaterländischen Chronik«. Leidenschaftlicher Anhänger der Französischen Revolution. Von Herzog Carl Eugen des Landes verwiesen. Ertränkte sich im Rhein.

Der Sommer ist
in den Winter aufgegangen –
was ist, Freund,
aus deiner Revolution
geworden?
Haben die Gesichter
sich geöffnet?
Neigt sich der Mensch
zum Menschen?
Gleich
unter seinesgleichen?

Ich bin unter den
Weinbergen gefahren,
in einem kühlen,
gefährlichen Licht.
Ich habe Stimmen gehört,
nicht die
von Friedfertigen.

Wir sind, Stäudlin,
nicht weitergekommen.
Deine Schritte sind
meine.

Deine Hoffnungen
habe ich
nicht eingeholt.
So erzähle ich
mir deine Geschichte
in Städten,
die deinen nicht mehr gleichen,
unsere Geschichte,
die so schwer aufbricht,
in diesem Sommer nicht
und nicht im kommenden.

Am Ende hat
der Herzog dich
aus dem Land gejagt.
Du bist eine Republik
suchen gegangen.

Lieber.

Sie holten dich
aus dem Wasser,
dem Winterwasser,
noch einen
in Unfrieden
und Frost.

Es war falsch,
Stäudlin,
wenn schon
sollten wir
ersticken
an unserm Zorn.

Hölderlin

»Doch kommt das,
was ich will,
wenn das Herz
der Erde
thuet sich auf«,
wenn,
wie du wußtest,
die Handlungen der
Menschen sich reinigen
in einem bessern
Gedächtnis, das
alle die reinen Bilder
aufnimmt, die wir,
ehe wir die Kindheit
verließen,
noch einmal
in einem wachen
Schlaf
vorausträumten
und vergaßen.
So verstand niemand
deine
kindliche Rückkehr,
damit komme,
was du wolltest.

Nürtingen, Marktstraße, Hölderlin und Bordeaux

Was ist das
für eine Stadt gewesen,
Bordeaux?
Nicht die dem Konsul
und
uns bekannte.
Ein Fieberherd,
eine Gedächtnislücke
oder der Beginn einer Fluchtspur.
Nun,
auf der Marktstraße,
wo die Stimmen vertrauter sind,
fallen die Bilder –
das sich verabschiedende
Gesicht im Fenster,
das verschneite Gebirg
und vielleicht doch Paris –
zurück
in einen einzigen Atemzug,
der ihm, dem allzu
Ungeduldigen,
ein restliches Leben erlaubt.

Dem Helffer

für Nathanael Köstlin und Robert Minder

Nathanael Köstlin (1744–1826), Diakon in Nürtingen, war der Hauslehrer des zwölfjährigen Hölderlin. »Seine Erscheinung flößte Ehrfurcht ein …« Hölderlin dankte ihm viel; sein erster Brief ist an Köstlin gerichtet, an seinen »teuersten Herrn Helffer«: »seien Sie *mein Führer, mein Vater, mein Freund …«*

Wie beginnt man
zu leben?
Wer redet den Weg
oder:
Was könntest du sein?
Welcher Satz
wird
zur Zeile und singt?
Viel später erst
weiß man es,
wenn Hoffnungen splittern,
wenn
Gefährten verloren gingen
und
die Zeit sich wehrt,
wenn man wieder
die Stimme hört,
den Anfang,
und die sonderbar unsichere
Antwort darauf, den
kindlichen Dank,
der sich wiederholt:
und
»erlauben Sie mir,

daß ich Ihnen von jedem
Umstand, der etwas
zu meinem Herzen beiträgt,
Nachricht geben darf« –
dann kehrt sich,
so begleitet,
das Vergangene um
und wird zum Ziel.

Brief an Camille Desmoulins

Das Licht sammelt
sich vorm Fenster.
Weißt Du, schreibe ich Dir,
wie wenig der Mensch
schon von sich selber
weiß?
Ich hab Dich gesehn
vor den Wütenden,
den Ausgehungerten
und versuche
Deine Stimme nachzusprechen,
sehr leise,
damit Dich jeder verstehe:
Nicht heute, sagst Du,
aber morgen,
wenn unser Sinn
ausgebildet ist
für die Zärtlichkeit,
unser Verständnis
für das Recht.

Was für ein März!
schreibe ich Dir
(Deinen Schatten im Licht
verlierend),
und wie weit, wie
schrecklich
ist die Reise zu Deinem
Glück.

Heine

1
Diese gestochenen Metren,
die herb
werden durch Einbrüche
von Sarkasmus
und Hohn,
den jene fürchteten,
die sich eingerichtet hatten
in einer Wirklichkeit,
die er
bestritt.

2
Marx,
den er nicht ohne
Einwürfe schätzte,
hatte die Entfernung
nicht begreifen können,
der Hochmut, der ihn sagen ließ,
diesen
Heine,

es sei ein Irrtum, man
könne sich nicht mit dem
gemeinen Volk gemein machen.
Denn man spreche dessen
Sprache nicht und dessen
Gestank sei unerträglich.
Also müsse man versuchen, es
zu bilden, aber –

3
Nachdem er
Weitling in einer
Hamburger Buchhandlung
getroffen hatte,
den Revolutionär,
den Schneider, der
schrieb Das Evangelium des armen Sünders,
berichtete er in den Geständnissen,
mokiert über den mangelnden Anstand
des Gesellen,
daß er sich lümmelte,
daß er die Knöchel sich
ständig rieb, ungeniert.
Befragt, weshalb er
sich derart benehme,
antwortete Weidling,
dort hätten ihn im
Kerker die Ketten gedrückt –
»Ja, ich gestehe,
ich wich
einige Schritte zurück,
als der Schneider solchermaßen
mit seiner widerwärtigen
Familiarität

von den Ketten sprach«,
denn es war,
was ihn bestürzte,
nicht mehr die Rede
von metaphorischen Ketten.
So wehrte er sich
gegen die Realitäten,
die er beschrieb.

4
Die Wirkungen – anders
als er sie erwartet hätte:
noch trivialer, erbärmlicher.
Ein Jud und
zu gescheit, gescheiter als
selbst ein Jud sein dürfte.
Doch ein paar Lieder,
Musik für Intellektuelle
(mit Gefühl),
das Wintermärchen,
die Harzreise
und vieles aus der
Prosa, trockener denn je.

5
Sie sagen, er
habe sich fein gemacht
für eine Nachwelt, die
nicht mehr liest.
Was sie als Dünkel
verstehn, ist das genau
geschriebene Wissen,
seine melancholische
Erfahrung, daß

Rebellionen vergessen,
was geschrieben wurde.

6
Vorläufig zurückgewiesen
wegen Beleidigung
des Vaterlands.

Ein Intellektueller.
Ein Verräter.

Ein Französling.
Ein Weiberheld.
Ein Kommunist.
Ein Journalist.
Ein Jud obendrein.

Und welche Wahrheiten
sind gut
fürs Vaterland?

Einige Fragen – an wen?

Wie lange atme ich noch
und wohin führt mich
mein letzter Schritt?
Wann stürze ich
aus dem Raum
(dieser Fülle,
in der ich mich ausbreitete
und allzu selten fragte)
in die Fläche,

die niemandes Erinnerung
aufnimmt?
Wo und auf wem
endet mein Blick,
der zurück lassen wird,
was er sah,
so leicht
oder so schwer,
ich weiß es nicht –
auch die zuletzt
gehörte Stimme –
werde ich sie brauchen
können?
Was nehme ich denn mit
und
was hinterlasse ich?
Werde ich wissen,
daß es die Grenze ist
oder werde ich einfach aufgehn
in diese Tonlosigkeit,
die ich ahne,
vor der ich mich fürchte?
Wann
verliert ihr mich
dann
aus dem Gedächtnis
und was bedeutet:
verloren?

An den Ginkgo vor der Tür

Wenn ich hinaus geh
vor die Tür,
geh
und den seltenen Baum –
daß ich eins und
doppelt bin –
den ich vor Jahren
gepflanzt habe,
betrachte,
den Ginkgo
(bei Sabine L. las ich,
er werde New York überdauern,
diese Stadt),
dann frage ich mich
oder frage ihn:
Baum,
warum wächst du nicht?
Baum,
warum hältst du
den Frühling hinaus?
Baum,
warum überläßt du
den Sommer andern?
Baum,
warum überwinterst
du
leichter als ich
und nimmst mein
Gedicht vorweg.
Du bist schlau,
Baum.

An ein Taubenpaar

Wir haben zwei Tauben
im Garten,
ein Taubenpärchen,
seit gestern
kommt es,
wilde Tauben;
nachts, wenn ich nicht schlafen kann,
höre ich Flügel, Stimmen,
sie rufen sich,
rufen,
und ihre Liebe
läßt mich wach sein
ohne Unmut.

Der Strauch, der keinen Namen hat

Der Strauch,
den ich
vor sechs Jahren setzte,
dessen Namen
ich nicht weiß,
den ich vor drei Jahren
umpflanzte,
weil er
nicht gedieh,
der Strauch
trägt im April
dicke rote Blüten,
nur wenige Tage,
und überrascht mich
jedes Mal,

weil er,
namenlos,
meiner Vorstellung
nicht entspricht.

Für M.

Nicht der Tod,
den ich vorausplane
wie einen Steuerbescheid
betreffs der schätzbaren
Kosten
einer Hinterlassenschaft,
die auch mein Leben war:
ein Anker,
der sein Schiff vergessen hat.
Dies ist
mein täglicher Tod.
Nicht dieser,
aber die, die sich
zögernd ausbreitet,
die wuchernde, die
verschwiegene Angst.
Komm, und schlaf mich leer.

Eine Art von Frieden

Ich kann
den Frieden beschreiben:
die einäugige Frau
in meinem Traum –

die Welt riecht
für eine Nachtspanne
nach ihrer Haut.
Es wird hell
hinter meinem Blick
wenn sie geht.

Für Fabian

Wenn du es willst,
lasse ich es für dich
schneien, mein Sohn,
nur kann ich die Toten
nicht wegdenken
unterm Schnee.
Es ist Schnee
aus meiner Zeit:
da gab es noch viel,
da dauerten die Winter
einen Winter lang,
da wurden Schlittschuh
gebraucht, die Rodel
liefen nicht nur im Januar.
Deine Winter sind
keine Winter, mein Sohn.
Ich lasse es schneien,
meinen ausdauernden Schnee
für meine Toten. Doch
welchen Schnee für deine?

Zwei Versuche, mit meinen Kindern zu reden

1

Ich wollte dir erzählen,
mein Sohn,
im Zorn
über deine scheinbare
Gleichgültigkeit,
über die eingeredete
Fremde
zwischen uns,
wollte ich dir erzählen,
zum Beispiel,
von meinem Krieg,
von meinem Hunger,
von meiner Armut,
wie ich geschunden wurde,
wie ich nicht weiterwußte,
wollte dir
deine Unkenntnis
vorwerfen,
deinen Frieden,
deine Sattheit,
deinen Wohlstand,
die auch
die meinen sind,
und während ich schon
redete,
dich mit Erinnerungen
prügelte,
begriff ich, daß
ich dir nichts beibrächte
als Haß und Angst,

Neid und Enge,
Feigheit und Mord.
Meine Erinnerung ist
nicht die deine.
Wie soll ich
dir das Unverständliche erklären?
So reden wir
über Dinge,
die wir kennen.

Nur wünsche ich
insgeheim,
Sohn, daß du, Sohn,
deinem Sohn
deine Erinnerung
nicht verschweigen mußt,
daß du
einfach sagen kannst:
Mach es so
wie ich,
versuche
zu kämpfen,
zu leben,
zu lieben
wie ich,
Sohn.

2
Ich wollte dir erzählen,
meine Tochter,
von meiner ersten
Liebe,
von dem Schrecken
einer

fremden Haut,
von trockenen
suchenden
allmählich
feucht werdenden
Lippen,
vom Atem,
der einem
ausgeht,
von Wörtern,
die Luftwurzeln haben,
von der Sehnsucht,
für einen Augenblick
so zusammen
in der Mitte der Erde,
der Kugel Erde,
ruhen zu können,
der Kern,
um den alles
sich dreht.

Und am Ende,
Tochter,
roch ich unsern Schweiß,
die Mühe unserer
Liebe,
wie den von Fremden
und wußte,
daß Glück
so fremd riecht.
Du sollst es auch wissen,
Tochter.

An meine Stadt

Immer wieder,
als Kind schon,
träumte ich,
träume ich
von einer Stadt:
hoch auf einem Tafelberg
und unter einem
strudelnden Licht –
nicht mehr von einer Sonne,
auch von einem Mond
nicht;
diese Stadt, in der,
nach dem Verlust der Schatten,
die Geschichte des
Menschen handelt, in
einer einzigen
überschaubaren Szenerie,
in einer einzigen sich
von Leibern lösenden Stimme,
vom Anfang bis zur Dauer:
regellose Wirklichkeit
eines erreichten Glücks, in
dem die Bewegung sich
nicht mehr braucht,
die Ruhe aufgehoben ist in
einer sichtbar
gewordenen Zärtlichkeit:
das körperliche Licht
erfahrener Zukunft.

An meine andere Stimme

Ich wollte,
mein Gedicht könnte
singen.
Denn ich höre
eine Stimme,
immer wieder
eine Stimme
hinter den Wörtern,
nach denen ich
suche,
die nach mir
suchen,
Wörter, die
nichts mehr wiegen,
leicht sind,
leichter geworden sind
von der Suche
nach einer Stimme,
ihrer Stimme, die
das Schweigen
bricht,
endlich bricht.

An den nächsten Abend

Meine Haut wird enger.
Die Jahre haben sie gespannt.
Es kann sein, meine
Stimme wird leiser.
Ich bündle das Gelächter

von gestern, das schöne
Selbstvergessen und
verschenke dies alles:
die fremden Stimmen, die
mir vertraut wurden; alle
jene verwegenen Sätze
der Hoffnung; Gesichter
die ich auswendig kann –
und diese Bescheinigungen,
die den Tag haltbar machen sollen:
Dies alles verschenke ich
für die Freundlichkeit an
Abenden, für das geübte
Schweigen, für die ungesprochenen
Sätze und für die Gunst,
aufzubrechen ohne Verabredung
für den Morgen.

Der alte Friedhof in Nürtingen

Vor einunddreißig Jahren stand
da noch ein alter Fliederbaum.

Als Kind bin ich die Wege oft
gegangen, lernte die Toten beim Namen
und
dachte mir Geschichten
für ihr Leben aus.

Dann zog ich fort.
Der Fliederbaum verschwand.

Der Friedhof werde,
heißt es,
nun planiert.

Da ruhn die Toten schon
zu lang;
so viele Jahre,
meinen die Planeure,
hält die Trauer
nicht.

Selbstporträt '77

Wenn ich wieder
schreibe, dann
über die Bruchstücke,
von denen wir
annehmen, sie seien
alles.
Mein Gedächtnis
erinnert Sätze,
die erst Erinnerung
haben werden.
Wenn überhaupt.

Es ist möglich,
daß ich mich
von mir trenne
und das Glück
haben werde,
meinen Schatten
zu finden:

so wenig mehr
von mir
wie der Atem,
der aufgeht
in der Luft,
wie der Schritt
im Wasser.
Wenn überhaupt.

Für die Kaschnitz

Kommen Sie,
sagte ich,
kommen Sie in unsern Garten.
Es ließe sich
reden
über Kinderspiele, den
kleinen japanischen Ahorn
oder Mariannes Baum, den Ginkgo.

Sie sagte:
Holen Sie mich.
Es ist nicht wichtig,
viel zu reden,
aber in der Sonne
sitzen, den
Kindern zusehn
beim Spiel – das
haben Sie immer,
sagte sie.

Nie ist sie
in meinem Garten
gewesen.
Sprachen wir von ihm,
war es der ihre: sie
pflanzte den kleinen
japanischen Ahorn,
entließ den Ginkgo
aus seinem Gedicht,
erfand die Spiele
der Kinder.
Sie sagte: Noch immer
habe ich Ihren Garten
nicht gesehn,
doch
ich erinnere mich an ihn.

Für Christa Reinig

Wir haben Briefe gewechselt,
vor Jahren,
keine für Tauben,
eher Krähenpost.
Dem Bomme
nicht zuliebe und
auch nicht
Hantipanti, der
beweglichen Papierseele.

Doch die wortlosen
Botschaften, die ich
nun ausschicke,

ihren Sätzen folgend,
listigen Geländern,
erreichen sie als
Kleckse,
in denen ihre
Buchstaben
baden sollen,
die leisen und
die lauten,
die licben und
die laxen –
Tintenteiche,
an deren Ufern
Gedanken sitzen,
nicht meine –
ihre.

Für Rudolf Hirsch

Ihn,
mit dem geneigten Kopf,
den Zuhörer,
vergesse ich nicht.

Seine Aufmerksamkeit
schließt mich ein:
daß ich
in diesen wortlosen
Tagen
die Stimmen
höre,
die er liebt.

Ich bin
mit seinem Gedächtnis
vertraut
und rufe mir
die Gestalten,
die er,
ein Eifersüchtiger,
hütet.

»Ist Zeit und Ewigkeit
in einem sel'gen
Augenblick«:
der frühreife
Bub
auf der alten Fotografie
und
die sich verschließende
Schrift
des alternden Mannes –
nur er
kann diese Schrift
entziffern,
dieses Gesicht.

Aber weil es
diese Augenblicke gibt,
in denen Träume
sich teilen
und die Erinnerung des einen
die des andern ist:
in der Stimme
des gehüteten
Dritten,
höre ich

seinem Zuhören
zu
und treffe ihn wieder
in meinen Selbstgesprächen.

Karl Krolow

Immer,
wenn ich ihn treffe,
redet er sich rasch aus
dem Blick.
Er setzt seine Ängste
auf Wörter
und sucht
im Schatten längerer Sätze
Zärtlichkeit.
Uns verbindet
ein sprechendes
Gedächtnis.
Solange die Träume
nicht sprachlos sind
können wir
leben.

Franz Tumler

Wenn er,
abends in der Akademie,
vom frühen Morgen
erzählte,
von der erwachenden Stadt,

den Lastwagenkolonnen
an
den
Grenzübergängen,
dachte ich ihn
mir
als Wanderer
im Gebirge.

Ich hätte ihn
weiter
ausfragen können,
aber ich kann
ihn
lesen.
Ich hätte ihm
sagen können:
Berge schüchtern
mich ein,
aber ich traute
seiner sprechenden
Sanftmut.

Ich weiß,
er hört
Stimmen,
er wohnt in
einer Geschichte,
die sich um ihn
ausbreitet:
jene Vergangenheiten,
die plötzlich,
morgen,
anfangen

wirklich zu sein
und uns erschrecken –
ihn nicht
den Zarteren von uns,
der auf sie
zu
geht,
vom Schweigen redend.

Erinnerung an ein Zimmer

Die Interieurs
übriggebliebener Versprechen,
in denen
meine Erinnerung ein
und aus geht:
Ein enges, von
leichtfertigen Sätzen
bewohntes Zimmer.
Der Blick aus
dem Fenster –
eine kleine Lokomotive
zieht mit Tendern
eine Linie
über den Steinbruchrand.
Eine blaulackierte
Tür öffnet sich:
Ich trete ein in
Geschichten, in denen
ich mich auskenne, und
die ich, damit du mir
glaubst, umschreibe.

Ein Mädchen in S.

Zart will ich sein,
denn kein Gedicht
hält sich gerne länger auf
in Sindelfingen.
Komm! wir
verlassen den frühen
Morgen
und stehlen uns
zurück in die Nacht.
Dort haben wir
einige Sätze liegen lassen,
die uns
wärmen.
Wovon sprichst du?
Wovon ich?
Wir reden uns
den Tag aus,
der uns nicht
brauchen kann.
Zart will ich sein.

Ein Mädchen in M.

Sie sagte:
Aber nach der Revolution!
und hatte die Zeit überholt,
deren Bilder ich hortete,
viele Reste
und die Seufzer
derer,

die längst aufgegeben haben,
satt
in der Zusage.
Aber sie sagte:
Nach der Revolution!
und wir sammelten
unsere Schritte
in der leeren Straße
auf,
warteten,
daß geschehen würde,
was geschehen war.
Komm! sagte sie,
dieser Morgen ist
ein wenig besser
als der von gestern.
Geh! sagte sie,
es lohnt sich
vielleicht.

Anrede

Du, es ist alles
vorbei und nichts ist
vorüber, es bleibt
dieser Moment: wir
erinnern uns, wir
tauschen, was wir
gewesen sind, wissen
wie es war. Ich
bin älter als deine
Liebe, wir haben

uns überdauert,
was nicht mehr
bedeutet als der Blick,
mit dem wir uns
wiedererkennen und
voneinander abwenden.
Liebste. Jetzt gehst
du. Und ich?

Bogie

Diese paar Platitüden
in Casablanca –
es fragt sich,
ob Geschichten so enden.
Als ob
Whisky Bodensatz hätte.
Wie anders aber
ist das Schwierige
einfach
und die Trauer
sichtbar?
Oder jetzt:
wenn ich wieder
diese Sätze
nachzusprechen versuche,
die er wegwarf
wie blutige Verbände.
Die Marseillaise
ist da fast schon
zuviel,
nicht wahr, Bogie?

Jayne Mansfield

Was sehen die
Puppen,
wenn sie die Augen
aufschlagen?
Wer hat ihnen
Welt erzählt?
Wer hat dir je
gesagt:
du könntest
eine Seele haben,
Darling?

Marilyn Monroe

Von wegen Liebe,
und wieviele auch
genannt werden,
die dich gebraucht
haben: Stars
und Staatsmänner,
Gäste in der Dämmerung.
Von wegen Liebe.

Nicht einmal Miller
hat dir sagen können,
wonach du fragtest,
auf dem Weg zwischen
Studio und Swimmingpool:
Was ist Liebe?
Von Puder gefärbt

sind die Abende,
der Halbmond ein
Lippenstiftabdruck
und deine Gegenwart
die Erfindung
eines Producers.

Von wegen Liebe:
Reich, Baby, ist
dieses Land,
das deine Armut ausstellte,
dich verkommen ließ,
als dein Fleisch mürb wurde,
deine Träume vorlaut,
dein Ängste wahr.

Von wegen Liebe:
Als du nur einen suchtest,
den Hörer abnahmst,
wähltest, wen wähltest?
schwiegen sie,
schwieg er,
weil du leben wolltest, Marylin, zu spät.

Anita Ekberg

Vielleicht hat dich
Fellini erfunden,
als er sich
nach einem dicken Weib
sehnte,
der Mamma,
in deren Schatten
man spielen kann.
Zypressen magst du nicht.
Aber, sagtest du,
in Rom läßt es sich altern
und fett werden, ja.
Damals, als die
Fotografen
dir noch an
den Ausschnitt faßten:
Bella! Bella!
und du dich unter
der Fontäne räkeltest
für deinen Regisseur,
ahntest du nichts
von diesem
sanften
weißen
fleischigen Schweigen
und
der reglosen Einsamkeit
auf dem Diwan.
Nur manchmal kommt
einer und besteigt
deine gewaltige Melancholie.

An Pasolini

Das,
was dunkel ist,
die Gewalttat,
die gurgelnde Sprachlosigkeit,
das,
wovon Fledermäuse
trinken,
du hast es angezogen,
Freund.
(Ich kenne nur
dein Gesicht
von Fotos,
und deine Bücher,
deine Filme.)
Nein,
ich hätte dich
nicht gewarnt,
ich hätte mich
gefürchtet vor dieser
schrecklichen, ausgehungerten
Zone, auf die du
zuliefst, Atem für Atem,
den Schrei in der Kehle,
schon seit Jahren,
der deinen Mörder ruft:
»Sei mir nicht
gnädig, Junge,
doch wirf mich
nicht fort aus
deinem Schrecken.«

An meine Feinde

Sie haben mir
die Haut abgezogen
und debattieren
über meine Wunden.

Ich versuche
mitzureden,
ihnen zu erklären,
daß ich friere
und meine
Seele
ihren Balg braucht.

Aber sie,
denen ich vieles
nachsah,
wissen es besser:
frierende Seelen
seien derzeit
üblich.

Vorwarnung

Satz für Satz

Deine Ängste schlagen an
wie Kettenhunde
und lassen mich nicht
über die Schwelle.

Ich werde am Morgen
wiederkehren,
wenn du mich
erkennst.

Wir wollten, du
weißt es,
Hand an uns legen
und leben.

Möglicher Aufbruch

Die Vogelleiber, leichter
zwischen März und Mai,
und die Gewässer, dort,
wo kein Gift
sie färbte,
durchsichtig, mit
ihren Uferwellen

den zögernden Sätzen gleichend,
die einer spricht,
wenn er einen Gedanken
ausrollt,
seine Kleider auszieht,
aus dem Fenster springt,
weil er weiß,
daß die Erde ihm
entgegenkommt,
berührt von seiner Phantasie,
angefeuert von denen,
die sich Glück wieder
zutrauen:
so wird der Stein blühen
und den Flügeln die Luft
nicht schwer.

Der vorläufige Tod

Der Riß aus mir
setzt sich fort
und sprengt die Welt:
es hält nichts
mehr zusammen,
was ich
beschrieb.

Morgens

Morgens, zwischen
den triefenden Stämmen,
kann ich ausbrechen

in Gelächter
und die Symmetrie zerstören:
Wozu brauchen wir,
die wir aus der Fassung sind,
solchen Halt?

Wer?

Weswegen sage ich mir
diese Landschaft
auf?
Wer entleert dennoch
die Wörter, wer?
Spräche er zu mir,
ich wüßte, wie
ich ihm entgegnete:
mit einem Licht,
das den Himmel
auf die Hügel legte,
unter denen ich atme,
jetzt und jetzt.

Wiederholte Fragen

Kann man im Wasser
schreiben?
Hat die Luft
ihr Alphabet?
Sieht man am Himmel
noch
die Spur des Ikarus?

Auf welcher Linie
können wir ruhn,
ohne abzustürzen?
In welches Wort
werden wir uns zurückziehn?

Morgenzeilen

Es war der falsche
Schritt.
Du mußt nun sagen:
Geh
oder
erstick an mir
oder, bitte,
bleibe zum Frühstück.

Vorwarnung

Komm, sing mir was.
Komm, red mich mir
aus.
Komm, schrei endlich,
du träge Zunge, du
geschontes Herz –
jetzt hältst du
nichts mehr
aus
und zerspringst.

Im März 1981

Die Wörter,
die ich jetzt denke,
haben
eine
dünne
Schale.
Wißt ihr denn nicht,
wie eine Stirn
sich spaltet?

Im April

Auf einer losen
Steinplatte stehn,
in der frühen Sonne,
ehe der Tag
dich fortschickt,
und eine Balance
halten,
die den Morgen dir
glücken läßt,
immerhin dies.

Sommerschatten

Wie angenehm
lebt es sich
für einen Augenblick
mit dem Sommerschatten,
diesem Abdruck
der Seele,
warm
auf dem atmenden
Stein.

September

Septemberseim
tropft
von den Ästen.
Das Licht wird
schwer
und
sammelt sich in Früchten.
Und hinter
geschlossenen Lidern
läuft eine sprühende
Spur
hinunter
in den Schlaf.

Verwandlung

Die getrocknete Sommerhaut,
plötzlich
wächst ihr Gefieder:
der da
wegspringt
und mit den Flügeln
schlägt –
ihr könnt ihn nicht
aufhalten.
Er weiß seine Geschichte
auswendig
und wird an ihrem
Ende,
wenn alle am Schatten
kleben,
leicht werden
und sich trennen
von ihrer Nachrede.

Der andere Zustand

Meine Sätze halten
mich nicht mehr
aus.
Ich höre nichts mehr
von mir.
Die Wörter haben
mich verlassen
und totgesagt.

Zurückweisung

Nun, wenn ihr mir einen
Namen gebt,
ihr liebevollen Begleiter
und
mich mit Gewissen foltert:
den
Immerfreundlichen
nennt ihr mich
und zieht mir den
Schmerz ab
wie einen großflächigen
Ausschlag von der
Haut:
wir werden dennoch
zusammen bleiben,
wenn die Flüsse,
kochend von der falschen Sonne
über die Ufer
treten,
wenn die Erdkruste springt,
und die Erfahrung unserer
bitteren Nähe
als Grenze ziehen
gegen das Ende.

Zuwachs

Ich werde alt.
Ich kann die Tage
von ihrem Ende her
lesen.
Das ist keine Kunst.
Aber angenehm ist es,
sich manchmal
voraus zu sein.

Wechselnde Schrift

Die Wasserläufer,
denen ich am Nachmittag
zuschaue,
die
die Wasserhaut kerben,
eine Keilschrift für
den Augenblick,
verschwinden am Abend
und kehren
anderntags nicht wieder –
sie überlassen das Wasser
anderen Schreibern,
deren Schrift
ein anderer
liest.

Schlaflos

Die Unruh nimmt zu
und
reibt die Haut
von Innen.
Ich hör mich
in mir selber
gehn.
Ich geh in mir
herum
und
find mich nicht zurecht.

Für Tante M.

Immer sagte
meine böhmische Tante:
Davon könnte ich
ein Lied singen.
Sie sang es
nicht.
Nun warte ich
auf ihr Lied,
das
sie aufsparte
für die Zeit,
von der sie
ein Lied singen könnte.

An die jüngere Tochter

Schön ist
dein Gesicht
unter der Lampe,
leicht und genau gezogen
sind
die Linien der Stirn.
Aber du bist fern
von mir, Tochter.
Ich traue mich nicht,
dich
zu stören,
dich zu wecken
aus diesem Selbstvergessen.

Gedicht mit Mond

Du legst die Hände um den Mond,
damit ich ihn nicht seh.

Wer, frag ich, wer hat wen geschont
und wer tat wann wem weh?

Der Zweifel reißt die Türe auf.
Wer, fragst du, wer wird gehn?

Da weiß ich nun die Antwort drauf:
Ich hab den Mond gesehn.

Märchen

Du wirst in Steinschuhn gehen,
schwer,
dem Märchen nachlaufen,
das dir ein Mund erzählte,
ein Mund im Spiegel,
ein Mund unterm Wasser –
du wirst übers Wasser
laufen,
in Steinschuhn,
leicht
vom Märchen, das deinen
Leib füllt mit Gedächtnis,
mit erzähltem Licht,
erzählt,
als der Mund sich öffnete
vor deinen schlafenden Augen
und dir versprach:
Du wirst in Steinschuhen gehen.

Kleine Genesis

Du,
ich erzähl dir
meine Geschichte
rückwärts
und am Ende
bin ich
ein
Wort,
aus dem ich ungeduldig
schlüpfe,

schon eine Seele:
Du,
ich beginne mit
meiner Geschichte.

Auf eine Weinbergschnecke

1
Die Luft
versilbert deine Spur.
Könntest du
zurückschaun,
wüßtest du,
wie teuer du
ihr bist.

2
Die dir nachsagen,
du seist
langsam,
kennen deine Wege
nicht.

3
Es fällt dir
leicht,
zu versteinern:
aus Sehnsucht
nach einer
Hand,
die dich wärmt.

Ein andermal

Der Fisch im Stein,
ich möchte mit ihm
zurückfallen ins Meer.
Und die Zeit beginnen.
Nicht so, wie sie wurde,
und wie wir versteinerten.

15. Juli 1980

Ich lege meinen Kopf
auf die Brust meiner Tochter,
der jüngsten.
Mein Kopf ist beinahe
so groß
wie ihr Leib.
Sie sagt:
Es ist schön so,
so nah
bist du jetzt,
sage sie.
Ich höre ihr Herz.
Sie sage: Du kannst
noch eine Weile
bleiben,
und atmet tief ein.
Welche Angst
hat
mein Glück.

Botschaften an einen Gefangenen

Der Vogelschatten,
der über deine Stirn fliegt,
ist nur eine Botschaft
von vielen,
die ich mir zurechtlege
für dich,
Bruder.

Aber die ich ausschicke,
die Vögel,
die Wörter,
die Sätze,
kommen vielleicht an,
ohne daß ich erfahre,
ob du die Mauer
mit ihnen
sprengtest
für einen Augenblick.

Laß es mich wissen,
Bruder,
Die Taube
wartet
auf deinen
Zuruf.

Dem Rattenfänger

Die Pfeile,
die der Rattenfänger
in den Sand zog,
die Töne, die
er dem Abendwind
zurückließ:
plötzlich können die Kinder,
vorzeitig Greise
und von allen guten Geistern
verlassen,
das Unvertraute wieder
lesen.
Aufbrechen werden sie
ohne Hinweis,
davongehn
ohne Spur.

Robert Walser

In seinem Gedächtnis
schneite es
immer.
Er kannte sich aus
mit dem Schnee.
Wenn er Lust hatte,
zählte
er
Flocken.
Der Schnee machte
ihm eine Musik.
Seid still, bat er.

Er hoffte, daß
er keine Spur
hinterlasse,
drückte aber
sein Gesicht
so tief
in den Schnee,
daß der Frühling
noch
in ihm lesen konnte.

Für Grieshaber

Das Füchslein,
das durch den Kriegsschnee
schnürt,
noch immer
ist es deine Spur in
meinem Kopf:
gewiß kein Rätsel für
unsere Jäger,
aber doch, zu
unserem Glück,
oft vom Neuschnee
gelöscht.
Und wer kann, außer
uns Füchsen, uns roten,
uns grauen, die
Fährten lesen, die
du dem dauerhaften
Schnee
anvertraut hast, dem

schönen Papier unterm Druckstock:
ach, ihr schlauen, ihr
schnellen –
und euer Herz: unersättlich
nach Liebe.

Ernst Meister, im Tübinger Stift lesend

Die Lupe vorm
Aug
hält der Ungeduld
nicht stand:
Jetzt springt
das Wort
durchs Glas
und blendet ihn:
er könnte,
so getroffen,
schweigen, doch
er spricht,
um das Schweigen
zu hören: »Zu sterben,
das ist Grammatik!«

An Ikarus

Du konntest dir die
Brust
voller Himmel
füllen,
geschwätzig wie immer.
Ich nicht.
Du redetest dir Flügel
an,
bis wir es glaubten.

Jetzt warte ich
im Hof,
wo Dädalus schreit,
auf die eine,
die einzige Feder
aus dem Flügel,
die mir hilft,
leicht zu sein
wie du.

Nürtingen, Neckarbrücke

Nur das Spiegelbild
im Neckar:
die Haut der Häuser,
die Wasserhaut der Häuser,
die ein Taucher
ahnungslos verletzt –

zurückgekehrt vom Grund,
treibt er
die Schwäne
ins alte Wirtshaus
und nimmt den Zeigern
an der Turmuhr
ihren Halt.

Landschaft unterm Hohenneuffen

Wenn die Bläue mir fehlt,
dunkler überm Absturz der Felsen,
wenn der Neckar
in meinem Gedächtnis
das Morgenlicht nicht mehr
wendet,
wenn die Zeiger der Turmuhr
meinen Traum teilen,
fange ich an
heimzukehren,
in eurer Sprache zu reden
vor dem
verschütteten Tal.

Am Albtrauf

Der Schnee ist
trocken unter
deinen Schuhn.
Er wird, solange
dein Weg dauert,
nicht mehr tauen.
Nur die, die
neben dir geht,
seit langem,
kann dich hören.
Vielleicht hält sie dich,
weil
sie
die Schritte
gezählt hat,
zurück,
ehe du springst,
um mehr zu sehn.

In der Wimsener Höhle

Charon stottert.
Seine Wörter
fallen mit den Tropfen
und er weiß,
sie werden gesammelt
in den
steinernen Kerzen,
die er wachsen sah
bei seinen Kahnfahrten

hinein und
hinaus,
das Licht fürchtend
und den Lärm.
Einmal,
hofft er,
wird er singen können
und die Höhle
wird sich schließen
hinter seinem
Lied.

Tübingen, nächtlicher Stiftshof

Die Nacht drückt
einen schwarzen Stein
vor die Fenster.
Der Morgen wird
ihn schmelzen
und verleugnete Sätze
werden herausbrechen.
Leise werden
sie laut.
So daß der junge
Tag
nicht gleich verdirbt.

Der Wurmlinger Hügel

Lieder singen
möchtest du hier
oder dich
in die Form aus Luft
einschließen,
die einer
hinterließ,
der wie du
darauf wartete,
daß der Hügel
sich löst
vom Tal
und davonschwimmt,
die Kapelle
auf dem Buckel.

Wiese unter der Teck

Hexentritte, da,
wo das Gras nur
spärlich wächst.
Wo, wenn wir uns
Märchen erzählen,
auf dem Rücken ins
Blau treibend,
Kristalle zu Blumen
werden
und ein Rest von
Rauch und Schwefel

das Geheimnis
stärkt.

Ich kann mit dir
fliegen,
sobald du dich
zu erkennen
gibst.

Besuch in Hartmannsdorf (Sachsen) nach vierzig Jahren

Da wirft meine
Vergangenheit
einen Kinderschatten.
Ihr habt ihn
nicht wachsen sehn.

Da redet,
was eure Vergangenheit
wurde
in meine Geschichte,
die ich anders
schrieb,
als ihr sie
hattet schreiben
wollen.

Aber die Wörter
teilen
wir noch
in unseren Geschichten.

Dresden, Italienisches Dörfchen (1980)

Warum habe ich
Lindhorst
dennoch erwartet,
in einer Pelerine aus
Buchstaben?

Großmutter rannte
durch die
brennende Stadt
und
rief ihn beim Namen.

Doch hinter ihm
war die Geschichte
schon
ins Schloß gefallen.

Vor dem
Italienischen Dörfchen
warte ich
vergeblich
auf ein Stichwort,
betrüge mich
mit einem Echo
und sehe im Spiegel
der Elbe,
was du nicht siehst.

Alte Liebe

Woher weißt du,
daß meine Knie
schmerzen,
daß Knoten meine
Finger teilen,
daß mir mein Atem
Mühe macht,
wenn ich dich liebe.
Woher weißt du,
daß ich fremd
gehe,
wenn ich heim will?

Sätze von Liebe

1
Wenn die Nacht
einen Riß bekommt
und meine Hand,
die ihn
zu schließen
versucht,
erfriert,
dann kehre mir,
Liebe,
den Rücken zu
und halte
meinen Atem an.

2
Ich träum dich
leer
und mach mir ein Lied
daraus.
Willst du dich
anhören?
Es wäre schön, ich könnte
bei dir
vorbeikommen
an einem Nachmittag,
wie im Gedicht –
nur hab ich mich zu früh
fein gemacht
für dich.
So kommt unsereiner
am Ende
nicht an.

3
Liebe,
ich hab dich als Wort
sitzen lassen
und nun
muß ich dich wieder
finden
in lange vergessenen
Sätzen.
Sag mir,
was ich sagte!

4
Das Glück,
in deinen Erzählungen

spazieren zu gehn,
in deinen
Erinnerungen
zu verblassen,
aber in deinem
Mund
zu wohnen:
ein Name,
der dir
nicht mehr
über die Lippen kommt.

5
Seit längerem probiere
ich
den Schatten aus,
den ich werfen
werde,
wenn du mich
vergessen hast.

6
Mit meinem
Gedächtnis
wärme ich einen
Kiesel.
Dieser kleine Kopf,
hart und
kaum zu spalten,
schließt ein,
was mich
in die Flucht
treiben könnte.

7
Ehe ich geh,
werde ich meine Lieder
mit dir
teilen
und dir,
wenn ich zurückkehre,
zuhören,
um wieder
gehn
zu können.

8
Leichter
als das Morgenlicht,
leichter
als ein Gedanke
zwischen Schlaf und Wachen,
leichter
als der erste
vorgewärmte Buchstabe
jenes Worts,
das mich vertreibt,
will ich sein,
um dir zuvor
zu
kommen.

Nachträgliches Liebeslied

Ich beginne
zu enden
in deiner Umarmung.
Sei,
ich bitte dich, Liebe,
sei nicht
voreilig,
singe,
um in der Haut
zu bleiben,
schreie, um mir
nah zu sein:
Dieses Feuer
haben wir nicht
zu denken gewagt
und diese Asche
wollten wir
nie sein.

Eine Art von Dauer

Es ist nicht mehr
der Atem
von damals, den
ich anhalte.
Ans Fenster habe ich
mit dem Finger
eine
verlegene Blume gemalt.

Du hast mich
nicht atmen gehört
und die Blume nicht
angesehn.

Nun
wiederhole ich
nichts mehr.
Ich ziehe dich aus
und mich,
verliere dich aus
der Erinnerung
und finde dich
neben mir.

Ich war bei dir,
als ich nicht
bei mir
war.

Vorsorglich

Ich gehe euch
verloren.
Ihr merkt nicht
wie ich verschwinde.
Meine Ungeduld,
fort zu kommen,
fällt euch nicht auf.
Doch wenn ich
mich gelöst habe,
nichts bleibt

als der rasch verblassende
Abdruck
meiner Anwesenheit,
werdet ihr,
hoffe ich,
für einen Augenblick
euer wortloses
Gerede
unterbrechen.

Halber Abschied

Geh fort
und laß zurück,
was ich zum Leben brauche:
die schöne Unruhe
am Morgen,
die trägen Schatten
am Mittag
und die helle Nacht,
in der ich
warte.

Möglicher Abschied

Nimm deine Mütze vom Fensterbrett,
zieh den Schal von der Stuhllehne,
hol den Mantel aus der Garderobe,
sag alles,
sag lieber nichts,
sag den letzten Montag auf,

sag den Regen von Gestern auf,
sag einen Abend auf, nur einen,
sag mich auf,
sag nichts,
nimm die Falten vom Kopfkissen mit,
den Fußabdruck vorm Bad,
die Wärme von der Türklinke,
den Schlüssel aus der Vase
und geh.

Unreine Elegie

Wenn mir die Zunge aus dem Mund fällt,
alt und wortverschlissen,
wenn ich dir, Liebste, den Fluß schenke,
die Straße meiner Jugend, den Neckar,
samt einer Brücke, die unter
meinen Schritten brach,
wenn ich dir die geronnene Luft
eingieße in einen weißen Emaillebecher
mit blauem Rand,
wenn ich die Spiegelbilder der Weiden
aus dem Wasser fische und trockne,
wenn ich den zu dir schicke, der
ich war, ehe ich ans andere Ufer schwamm,
wenn ich wiederkehre, ohne den
Fluß und ohne die Stimme von damals –
wie empfängst du mich? Legst du
die weißgewaschnen Knöchlein
auf die Schwelle,
um mich zu warnen
vor meinem Tod?

Das zweite Leben

Beweg den Mond,
reiß ihn aus
seiner Wurzel.
Der Himmel ist
tief.
Du wirst die Flut
abwarten müssen,
dann kannst du
die Erde vergessen,
und jenseits
der Gezeiten
bricht ein Licht auf,
in dem du
ein zweites Mal
lebst.

Gegenbild

Die Gespräche, die
zurückbleiben, wenn ihr
gegangen seid,
Knoten in der noch
bewegten Luft,
Satzzeichen zwischen
Atemzügen –
sie werden wieder laut,
wiederholen sich,
reden sich zurück,
verständlich nur
dem kleinen Mann,

der
auf dem Kopf steht
am Gartenrand
und dankbar
lauscht.

Der Anfang einer Gewißheit

Von woher ich auch lebe,
welches Gestirn
ich auch wähle,
um meine Ankunft zu bestimmen,
welchen Schatten
von welchem Baum,
welche Ebene ich auch
entdecke,
so zu atmen,
wie ich es lernte,
welchen Hügel,
um in seiner Neige
zu schlafen,
welche Stadt ich auch erfinde
mit wohnlichen Straßen –
allmählich komme ich,
Wort für Wort,
zurück, erfahre
die Regeln meiner Wiederkehr
und sei es
eine unerprobte Art von Liebe.

Zuruf

Stirb! doch verlaß dich nicht
auf aufgeschwätzte Tode.
Sie sind zu leicht,
zu leicht geredet,
und ertragen deine Zweifel nicht.
Sie aber müssen bleiben,
Schwellen zwischen Tür und Sturz,
sie müssen bleiben wie
der falsche Lockruf, der
den Vögeln ihren Himmel raubt,
dem Meer sein Land,
dem Haus sein Dach.
In einem solchen Rätsel
steckst du dann, daß selbst
der Zweifel seinen Satz vergißt:
Stirb! und verlaß dich nicht.

Verständigung

Wie können wir
mit tauben Lippen
uns Ankünfte versprechen?

Ich bin noch nicht da.
Ich muß
noch die Erde
wachsen lassen
in meiner Geschichte.
Du weißt gar nicht,
wieviel ihr fehlt.

An Städten haben wir genug.
Vielleicht auch
an Sternen.
Die Felder ziehen wir quer
gegen unsern erinnernden Blick.
Jetzt kannst du
die Ränder blühen lassen.

Aber: heimgehen,
das wäre ein anderes Wort.
Wieviel haben wir
inzwischen
verlernt.

Ankommen muß ich
mit dir.
Und legte ich die Erde
zwischen dich
und mich
und wärmte sie mit diesem
einen Satz, den ich behalte,
um mein Gedächtnis
zu leeren:
Bleib hier; es wird nichts mehr
da sein.

Nachgeburt

So halt ich an,
ein Kind in einem Mann:
die falschen Worte hab ich alle schon verbraucht,
in falsche Tiefen bin ich leichtfertig getaucht,

in falsche Lieben hab ich mich verstrickt,
an falscher Hoffnung bin ich fast erstickt.
Was fang ich an,
ein Kind in einem Mann?
Ich reiß die Haut entzwei und schrei nach Leben,
ich fühle mich mir selbst zurückgegeben,
halte mich aus und geb mich hin
an das, was ich verlor und was ich bin:
das Kind in einem Mann –
wie fang ich an?

Zwischen den Altern

Lauf, hol dich ein
und sieh dir ins Gesicht.
Du warst es lange nicht.
Jetzt kannst dus sein.

Die Mörsinger Pappel

Kassiber

Woran ich darbe –
ich hab es ausgebeint.
Eine Geschichte erzählte ich euch,
ihr habt sie vergessen
bis auf den letzten Satz.

Ihr rechtet mit mir,
mit einem,
der sich durch Erinnern verrät.

Dort aber, auf der Linie,
die ihr scheut, vorm Abgrund,
sammle ich eure Nachrede ein
und widerlege,
was ihr mir zuschreibt:

Mit einem Wort, mit mir.

Einfache Einsicht

Vorm Hinausgehn
sich den grauen Hut
ausdenken,
ihn sich aufsetzen,
den Regen erwarten,

den Schleier des Regens,
ein Gespräch beginnen
mit jener,
die dich nicht erwartet,
die du erwartest,
solange du noch
den Schatten der Krempe
für den Horizont hältst,
den Rest des Tages
für dein Leben.

Herbstliche Warnung

Ausbrechend
aus meiner Schwermut
warne ich die Nachbarn
mit Rauch und Feuer:
Kommt mir nicht zu nah,
wartet ab,
seht zu,
bis ich, ein Tänzer
mit schweren Beinen,
die Trauben stampfe,
das gewünschte Glück,
diese Maische,
in der ich,
wenn ich schwer genug bin,
untergehen werde,
ausgebrochen
aus meiner Schwermut.

Unsere Erinnerung

Mit dem Funkenschläger
laufen wir übers Eis,
merken, wie die Luft
taut, das Meer zurückkehrt.
Die Zurückgelassenen
rotten sich zusammen
und reiben die Erde heiß,
Wälder wachsen aus
ihren Schlüsselbeinen.
Die Horizonte fransen aus.

Ist die Erde, fragst
du mich, eine Kugel?
Nein, antworte ich, nein,
und verwandle mich
in meine Schwester.
Wir werden zusehen, wie
die Kugel sich auflöst
und unser Gedächtnis
ausreicht
für ihr Ende.

Eine Art von Glück

Wir trafen uns
unvorbereitet,
redeten uns
die günstige Jahreszeit
ein.
Du jagtest deine Hunde

voraus,
und wir tauschten
unsere Gesichter.
Wir erfanden ein Zimmer,
in dem wir
über uns herfielen,
glühend
von Sätzen,
die wir uns nicht
sagten.
Wir warfen uns
zwischen Phlox und Oleander,
riefen nach den Hunden,
erlaubten uns nicht
die Schreie, die gewöhnlich
auf unsern Lippen warten
und schwiegen uns
Leben ein.

Glück

Was die Hexen mir
hinterließen:
gespaltene Kristalle
und
angefangene Märchen,
halboffne Türen
und Fallen
für halbgare Brüder.
Nun
bettle ich um ihre Gunst:

Nur
dieses eine Mal
dies falsche
Glück.

April in der Vaucluse

für Elisabeth und Rolf

Rot in den Stein reiben,
solange,
bis er Feuer fängt.
Die Geschichte hier
ist älter als du denkst;
aber
du kannst sie sehen:
Die Rebstöcke steigen,
glückliche Krüppel,
über den gekrümmten Grat,
verschwinden –
und wenn der Abend
das Land aufhebt,
hörst du sie singen:
Dort,
im steinkühlen Feuer,
versammeln sie sich,
traubenlos,
zu ihrem österlichen Fest.

Mein Kaddisch

Du, schenk mir
den Rest deines Atems.
Die Toten füllen mich
aus.
Ein Balg bin ich,
schön geschminkt,
damit mir keiner
Leben abspreche.

Doch das Dach ist
auf mich gestürzt,
die Fenster erblindeten
unter meinem Blick,
die Blume, die mir
meine Liebste brachte,
schmolz ins Papier.

Ich will gehen.
Warum weidet ihr euch
an meiner
Geschichte, von der
nichts bleibt
als eine krause Spur:

da hab ich meine Toten
ausgestreut,
vor mir
und nach mir, wer aber
nimmt mich auf,
lebt mein Leben?

Meine Julia

Ich höre sie singen,
Julia –
über ihren Schatten gebeugt,
höre ich sie singen:
Geh, Romeo, geh,
nimm die Nachtigall mit,
ich will der Lerche
folgen,
die Nacht will ich
verlassen,
die nie die meine war,
aus deiner Ewigkeit
will ich hinaus auf die
Straße,
mein Lachen hören,
meine Liebe ausprobieren,
nicht unsere, Romeo.

Christian Wagner in seinem Haus

Die Stube geweißnet,
die Sätze ausgeschickt, alle,
die Geiß gemolken,
den Himmel übers Haus gespannt,
jetzt
kann er die Antworten
einsammeln
und unter die Türschwelle
legen:
Ihr seid alle
willkommen!

Am Grab von Camus in Lourmarin

Rosmarin für dich
und
Lavendel für Francine.
Dein Name sinkt
allmählich zurück
in den Stein.
Oben,
in der Stadt,
werden auf der Terrasse
deines Hauses
die Gespräche von damals
laut,
hitzig, die Nacht vergessend –
so, wie du schriebst,
wolltest du
hier
immer den Morgen empfangen,
den Tau versprengenden
Anfang,
die im Licht sich
verjüngende Liebe,
und der Fels,
deine Bürde, die unsere,
verliert nun
sein Gewicht
am Fuße des Bergs.

Kaspar Hauser

Eine Liebste
möchte er,
die seinen Mund
bewohnt
und aus ihm spricht.
Damals, als sie ihn
blindgemacht,
ersann er Blumen,
die's nicht gibt.
Jetzt hat er sie
für sie gemalt.
Sprich, bittet er,
sprich mich,
wohn dich in mir ein
und ändre mich:
Einer Prinzessin stellen
sie nicht nach.
Dann singt er
wie sein Holzpferd sang
in dem Verlies,
in dem er sich vergaß.
Bevor der mit dem Messer
aus dem Schatten tritt
und stößt,
und er
– wohin auch? –
fliehen will,
den Mund voll
Blut.

Für Fühmann

Nein, du wolltest
den Drachen
nicht erkennen,
der dich auffraß.
Du schriebst mir:
Wenn ich
mir ausgeredet hab,
was mir eingeredet wird,
werde ich kommen.
Ich wünsch mir,
daß Du wartest.
Ich wartete,
angefochten von Gerüchten,
die uns
schweigen lassen:
Er glaubt,
was niemand mehr glaubt.
Jetzt aber, in der Nachrede
und deinen schweren, herzlichen
Schatten im Gedächtnis,
steh ich wartend an
der Treppe,
da, an dem Geländer,
das warm werden könnte
von deiner Hand.

Für Karl-Georg Flicker

Den schönen Buchstab
schicktest du aus:
Komm!
fang mir die Wörter
ein.
Dieses Glück hast du
ausgekostet,
Serifen gedient
und nicht
Kalifen.
Bodoni kehrte
bei dir ein,
ein geschätzter Fürsprech:
Er ist dir voran,
er hat,
was er liebte,
schon zurückgerufen
in die Schrift.

Variation

für Dietrich Fischer-Dieskau

Woher kennt mich
das Lied?
Warum holt mich
die Stimme ein,
jetzt,
im Schnee?
Ausgegangen bin ich,
den älteren Bruder

zu suchen,
den ich nicht habe,
der ausging,
mich zu finden.
Er ist mir voraus.
Er hat Rosen
aus dem Schnee getaut
und
den Irrweg gesegnet.
Den Weiser hat er mir
gesungen,
den ich stehen sehe
unterm sprachlosen
Himmel,
der Lieder einsammelt,
meinem Bruder zuliebe.

Leipzig

Für Hans Marquardt

Für einen Augenblick
begegnete ich
dem Kind,
das mit dem Vater
im Sommer neununddreißig
vorm Reichsgericht stand,
diesem gepflasterten Berg,
den Druck seiner Hand
kaum mehr aushielt,
aufseufzte mit ihm
und erst wieder
zu reden wagte,

erleichtert,
als der verschwiegene Mann
ihm den Bahnhof
schenkte:
Er ist der größte
von allen,
glaub mir,
soviele Geleise hat keiner,
soviele Tauben,
soviele Züge,
du kannst ihn haben,
gleich jetzt,
bevor du es besser weißt.

Der Satz des Malers

Der Garten bekommt
ein Dach
und der Himmel ist
nur zu ahnen
unter dem Baum,
den ich pflanzte,
damit er mich schirme,
mir die Jahre
zähle.
Er könnte seinen Frieden
mit mir
teilen.
Doch ich weiß es besser.
Ich habe
die neuesten Nachrichten
gelesen,

ich habe
den Unfrieden
buchstabiert.
Vielleicht, sage ich mir,
wird mein Baum,
der wuchs und wächst
im Vertrauen auf das Licht,
die Luft, den Regen,
dürr werden
oder zu Asche verglühen,
er, der mich beschirmte,
in dessen Schatten ich
das Altern ertrug
und auch jenen Satz las,
lange vor
den neuesten Nachrichten,
den Satz des Malers
Henri Rousseau:
»Wenn ein Herrscher
Krieg will,
so soll eine Mutter
zu ihm gehen
und es ihm verbieten.«

Auf ein Bild von Fritz Ruoff

Mit leichter Hand geworfen:
den Stern.

Kennst du den Fänger,
seinen Himmel?
Welcher war es,

den du maltest?
Der mit dem Rußrand,
noch aufgerissen vom
Feuer und sternlos,
oder der andere,
der Kinderhimmel,
dieses von behenden
Fingern
gewobene Blau
über Neckar und Alb,
ein hochgespanntes Netz
in dem dein Stern
sich verfängt.
So
wie du ihn kanntest:
Ein Buchstab
aus einem leuchtenden
Alphabet.

Meine Mutter

Drei Tage lang
starb meine Mutter.
Sie liebte unerlaubt
einen Tagdieb,
einen Wegelagerer,
einen Namenlosen
behaupteten die Frauen,
die über ihre Treue
wachten.

Keinen Brief schrieb sie,
keinen Zettel:
Komm und hol mich.
Sie lief ihm einfach
zu.
Sie lief uns einfach
weg.

Die Wohnungen waren
aus den Häusern gebrochen
und die Wege vermint.
Auf den Dächern wuchsen
Birken.
An den Horizonten schwelte
Feuer.
Und die lang gedachte
Zeit
schmolz zu einem
Tag.

Ungeduldig
brach sie auf.
Wer wollte, ungeliebt,
noch einen Namen haben?
Schön war sie
auf dem Weg zum Tier,
auf der Flucht vor
dem eingeschränkten Leben.

Ich sah sie
vor der Stadt, dort,
wo die Soldaten
ihre Pflicht vergaßen,
sah sie

in seinen Armen,
sich das Glück ausreißend
wie ein Geschwür,
ohne Gedächtnis
und leicht.

Zurückgerufen
nahm sie Gift
und starb
drei Tage lang.

Schneegedichte

Mein Anderer

Die Vogelschrift,
ich kann sie nicht
lesen.
Und der in der Luft
gefrorene Mann,
dieser kristallene
Totempfahl,
hält seine Rede
nicht für mich.
Ein Windstoß,
denke ich,
wird ihn zersplittern
oder eine Blume ihm
in den Fuß wachsen,

wenn die Sonne
den Boden wärmt
und ich mich frage,
ob ich bei ihm
bleiben soll
als sein Gedächtnis.

Vorzeit

Mondkalt und lautlos:
Sprich nicht,
die Gegend
könnte sich ändern!
Ohne Grund
beginnt sie
zu schweben.
Wir waren hier,
nun weiß ich es
wieder,
ehe wir
schwer wurden
und uns ansiedelten.

Die Mörsinger Pappel

Die Mörsinger Pappel
hab ich verpflanzt,
dem Sommer entführt
und einem kahlen
Buckel geschenkt.

Dort,
im Schnee,
erklärt sie
dem Horizont
ihre Schönheit.
Ohne Laub,
zart und
warm im Holz
prägt sie sich
ihm ein.

Nachtschnee

Nachtschnee, Tintenschnee,
Schnee, der vorm Tag
aufhört, Schnee, der nichts
preisgibt: Liebesschnee,
der in schwarz feuernden
Iglus die Winterhex wärmt,
bis sie das Fell sich
vom Leib reißt und
auf dich einschlägt
mit dem Sternbaum: Wirst
du tauen mit mir, Liebster
und nichts hinterlassen
als die Wurzel, den Buchstab,
der uns fesselt: Hier,
im heißen Schnee?

Unverfrorener Brief

Du wolltest, schreibst du,
hinaufziehen
auf den Berg,
dich entfernen,
doch nicht verlieren;
hoch hinaus,
schreibst du,
und ich lese
dein Lachen mit.
Die Liebe vom Vorjahr –
nun endlich traut
sie sich Wörter zu,
Konjunktive, tauglich
für den Schnee,
wo es unverfroren
bleibt zu erinnern,
zu wünschen:
Hättest du,
wüßtest du,
kämest du nur.

Schneelied

Mit dem Schnee
will ich trauern.
Schmelzen wird er
und deine Schritte
vergessen.
Hier
bist du gegangen.

Kehr zurück.
Laß dich bitten
mit dem erwachten
Fluß,
dem wieder
gefundenen Land.

Jetzt,
nach dem Frost,
tauen in meinen Briefen
die Sätze
und holen dich,
ohne Gedächtnis,
ein.

Kehr zurück.
Und sei
wie vor dem Schnee.

Flügel

Damals, entscheide du
wie lange es her ist,
als wir uns rücklings
in den Schnee fallen
ließen, die Arme ausbreiteten
und wie mit Flügeln
schlugen, damals,
als wir Engel im Schnee
ließen: Frühlingsschatten,
der Abdruck unseres Glücks –

wir werden, Liebe,
ich bin sicher, uns
entgegengehen und
die Flügel werden uns
aus den Schultern
wachsen,
leicht und flüchtig
wie Schnee.

Ungeduld

Den letzten Schnee
hab ich dir
vom Hals geleckt.
Unsern Morgenschatten
haben wir
aus dem Eis gebrochen.
Du hast das Frühjahr
angefleht: Komm,
weh mir entgegen.
Doch dann haben wir
uns nicht aufs Jahr
verlassen
und zu brennen
begonnen,
dein Schatten
und ich.

Flüchtig

Dort,
unterm leichteren Tagmond
hab ich
mit falscher Währung
gezahlt.
Ich traf dich,
gab dir einen Namen
und zog die Küste
unter unsere Sohlen.
Willst du wissen,
wer ich bin? fragte ich
und dachte mir
mein besseres Leben aus.
Es würde,
ich wußte es,
nicht länger dauern
als die Spanne
zwischen Mond
und Mond.

Überlebensversuche

Ich zieh mir
die Haut ab
und dir über.
Bist du es?
Kann ich den Himmel
wechseln,
in deiner Stadt mit
dir

zu deinem Haus gehn?
Werde ich mit dir
ankommen?
Laß mich leben
zwischen mir und
dir.
Vielleicht
nimmt unsere Liebe
sich die Zeit,
die wir nicht
haben.

Andenken

Kann es sein,
daß dein Sommerschatten
meinen Winter
überdauert?
Erzähl mir noch einmal
deine Geschichte.
Ich sah dich,
ich hörte dich sprechen,
ehe du sprachst.
Ich überließ meine Lippen
der Luft
und sie legten sich
auf deine.
Ich schlief deinen Schlaf
und wachte ohne dich
auf.
Erzähl!

Ich wärme
deinen Schatten
vorm ersten Schnee.

Erwünschter Brief

Schreib mir:
Noch im April
könnten wir
nach Venedig reisen.
Das ist ein Brief,
wie ich ihn
erwarte.
Schreib mir:
Du hast
ein Jahr gut
und kannst es
wiederholen.
Schreib mir:
Ich hab dich
noch nicht angefangen,
es könnte mit dir
gehn.
Schreib mir:
Bleib weg,
damit du mir
bleiben kannst,
und schreib mir:
Noch im April
könnten wir
nach Venedig reisen.

Flüchtige Begegnung

Eine kleine Wolke
rief ich.
Sie flog gegen den Wind,
regnete sich
leer für dich,
wusch dir die Stirn,
verzärtelte deine Schultern
und machte dich
am Ende frösteln.
Ich rief sie,
ehe ich dich traf.
Ich rief sie,
um dich zu erkennen
in ihrem Schatten.
Sie wird
schmelzen im Licht
wie du
auch.

Ich bau dir ein Zimmer

Ich bau dir ein Zimmer,
sag ich, es schwimmt
auf dem See, es hängt
zwischen Ästen im Baum,
es nimmt seine Wände
nicht ernst, es wird
weit, es wird eng.

Ich bau dir ein Zimmer,
sag ich, für alle

Jahreszeiten, einen Teppich
aus Schnee, und den
Sommer in der Tapete,
die Wiese unterm Tisch,
Weinlaub an der Tür.

Ich bau dir ein Zimmer,
sag ich, es ist unsre
Wiege und es ist
unser Sarg. Ein Zimmer,
sag ich, aus Nichts
und aus allem. So haltbar
wie dieses Gedicht,
das du bewohnst.

Vogelleicht

Vogelleicht –
was heißt das?
Die Luft bekommt Hände
und
fängt uns auf.
Wir erkunden den
Horizont
und balancieren auf
Stimmgabeln.
Wir reden uns Kinder
ein
und ihr Geschrei
treibt uns
aus dem Garten.
Morgen, sagen wir uns,

morgen,
wenn sie ausgeflogen sind,
könnte es sein,
die Luft bekommt Hände
und wir legen uns
nebeneinander,
um die Krähenfüße
zu zählen,
und fragen uns:
Was heißt das? Vogel-
leicht –

Sturmlied

Komm übers Haus
mit Wind mit Regen mit Schnee.
Reiß an den Ziegeln,
drück die Fenster ein,
setz Dielen unter Wasser
und Teppiche in Brand.

Zu lange puppte ich mich ein
und lebte leblos nur
mit Launen und Gespenstern.
Redete mit Schatten
und las alte Briefe leer.

Jetzt endlich friere ich
und brenne. Die Worte klumpen
mir im Mund. Sie werden Fleisch.
Ich spuck sie aus. Ein Glück,
daß mir nichts bleibt als du.

Erinnerung an Liebe

Teilte ich die Blätter aus,
auf die ich
meine Verabredungen für morgen
schrieb:
Wer käme?
Weiß ich noch den Erdteil,
den wir uns versprachen?
Ich hab dir ein blühendes
Gebirge aufgeredet,
die verwegene Haartracht
alter Wälder;
ich hab dir ein Bad
in wieder vergessenen Flüssen
versprochen.
Nichts,
nichts hast du,
nichts hast du mir
gelassen:
Du bist die Schwarze,
die den Spiegel sprengte,
du bist die Zwergin,
die mir die Taschen
ausräumte,
du bist die Sanfte,
mit der ich am Morgen
auf der Schwelle schlief,
du bist jene mit den erwachten
Augen,
die nichts sagte,
die mir die Zunge
auf die Zunge
legte.

Könnte ich,
widerholte ich dich,
Liebe.

Nach dem Fest

Ich sammle die Streitfälle
ein,
auch die freundlichen,
die belanglosen.
Kühl geworden ist es
auf der Terrasse.
Den Mond hat
der letzte Gast mitgenommen.
Vielleicht, denke ich,
wünsche ich,
kehrt sie lautlos
zurück,
der Morgen läßt ihr
mit einer Handvoll
Licht
den Vortritt
und ich höre ihr zu,
wie sie mit den verlassenen
Stühlen
dieses Gespräch wieder
aufnimmt,
in dem ich sie
entdeckte.

Ankündigung

Noch immer
kann ich mir Reisen
ausdenken
und nicht zurückkehren,
einen Teppich knüpfen
oder
meinen Garten
auf den Kopf stellen,
noch immer
kann ich Lebensläufe
erfinden,
dich;
den Frühling aufsagen
und mich auf den Winter
einstellen –
aber
wie kann ich mich
hinterlassen,
daß ihr weiter
mit mir umgeht
und auf den Reisenden
wartet:
Er hat sich angesagt,
kommen wird er, bald,
ein Glücklicher, dem
das Pech an den Sohlen
klebt.
Streichelt ihn,
bis er glüht.

Abendsätze

Dich schlafen zu sehen,
eingerollt
wie eine Katze
und ausgeschlossen
zu sein
aus deinem Traum –
nach so vielen
Jahren
genieße ich es,
nichts zu haben
von dir
als dieses
ungleiche Vertrauen.

Ich werfe deinen Schatten

Ich werfe
deinen Schatten.
Mehr habe ich nicht
von dir.
Du gehst mir voraus.
Du gehst mir nach.
Du bist kühler
als ich.
Wenn ich auf dich
falle,
verlierst du
mich.

Erschreckte Sätze

Wie dein Gesicht
durchs
Papier schlägt!
Ich wollte dir schreiben,
Liebe:
Ich bin auf Reisen,
doch nicht
zu dir.
Als ein anderer
wollte ich dich
überraschen,
dein Amselherz erschrecken.

Jetzt,
in diesem Augenblick,
unter einer tötenden
Wolke,
vor der ich meine Sätze
verstecke,
sehe ich deutlich
dein Gesicht
auf dem Papier
und
schreibe dieses Gedicht
hinein.

Im Juni

Das gestapelte Holz
beginnt auszutrocknen
und zu wispern.
Endlich kannst du
mit dem Löffel
gegen die Tasse
schlagen
und den Morgen einläuten.
Ich frage dich,
welchen Sommer haben
wir
und welches Frühjahr ist uns
ohne Nachlaß
vergangen?
Die Gäste vom Vorjahr
haben ihre Stühle
in den Schatten
gerückt.
Wir beginnen ein
Gespräch
und überlassen es
ihnen.
Dein Schweigen hebe ich auf
für den Nachmittag.

Nachrede

Lauf nicht fort.
Wärme die Wörter,
die ich dir nachwarf,
um dich
zu beleben:
Ein Satz mehr,
der mich betrügt.

Zwischenbericht

Noch immer
zwischen Gesprächen,
die aus Unlust
abbrechen,
die Entdeckung
eines Blicks,
den du
zu kennen glaubst
aus einer Zukunft,
die du mehr und mehr
aussparst.

Weiter unterwegs,
verletzbar und
in Verlusten geübt.
Nur selten noch
mit der Hoffnung
feilschend,
dieser verkrüppelten,
ausdauernden
Gefährtin.

Der vorläufige Tod

Trau dich,
flieg unter meine Zunge,
der Knorpel wird
wachsen,
ein Nest
von wuchernden Wörtern.
Ich hab dich ausgespuckt,
ich hab dich erbrochen,
ich bin erstickt an dir,
jetzt kau ich dich
durch,
jetzt weich ich dich
ein,
jetzt will ich dich
haben,
sperrig,
das geläufige Unglück,
dieses Wort,
das mir den Schlund
schloß:
Ich vergaß es.

Das andere Leben

Schlüpf, erwärmte Seele,
unter den Balg, ins Holz,
unter den Schnee,
atme den Atem der schon
Verlorenen,
nimm auf, was verworfen wurde,

belebe den Staub,
die gedörrten Gedanken,
niste dich ein
im Kiesel, im Fels,
in der wartenden Leblosigkeit,
ein erinnernder Kern,
der das Kind ruft
und den Greis,
der die Liebe häutet
bis ans Herz,
der die Wörter wendet
und den Horizont sprengt:
mein Gefängnis, meine Geschichte.
Brich auf, erwärmte Seele.

Widerspruch

Da, in das Wasser
kann ich mein Gesicht
versenken,
die Zeit,
die meine Augen schwächte,
die Sätze,
die meine Haut fältelten.
Verwildern will ich
zwischen den Jahren,
die mir Schuld
zufügten.
Ich lagere mich ab
rund um dein Herz,
mit all den Schwüren,
Verwünschungen,

den großen Auftritten,
die mich
in deinen Spiegel trieben
Ich gehe
nicht,
Undine.

Schwarze Zeilen

Nichts
als der schwarze Teig,
in dem du mich
einbäckst,
das Ersticken
vor der Nacht.
Wie komme ich
davon?
Warum hat die Sonne,
die du aufziehst,
einen Aschenrand?
Wie kann ich sterben
ohne dein
Zutun?
Mit welchem Vorschlag
bringst du mich
um?
Ich komme nicht
davon
und überlasse
mein Ende
dir.

Sätze vor dem Gedicht

Ich rufe die Wörter
zusammen,
sie haben
kein Fell, kein Gefieder,
sie haben, wenn
sie sich im Rudel drängen
und auf mich warten,
nur eine dünne Haut,
die reißt und sie
bloßstellt,
sobald ich ungeduldig werde
und sie nicht streichle
mit meiner Stimme.

Mitteilung

Meine Hinterlassenschaften haben
kein Gewicht.
Wieviel wiegt ein Satz,
wieviel ein Zuruf,
den ich unterließ?
Wieviel der Augenblick,
in dem ich dich
erfand.
Hörst du mich?
Hör ich dich?
Die Nacht könnte sich
spalten
für den einen Tag,
der uns einholt

und wiegt,
was wir gewesen sind,
ich
und
du.

Bitte

Wie Striemen
von der Haut
löst sich
unsere Geschichte.

Totenbänder,
auf denen
Lebensläufe stehn.

Welche Friedlosigkeit
taufte
unseren Frieden.

Sprecht,
die ihr lebtet,
um unseretwillen
das erlösende Wort,
damit dieser
schmutzige Frieden
sich läutere.

Mein Land

Ebenezer könnte mein Land
heißen
oder Ruth,
wovon meine Mutter
erzählte.
Alle Bäume kannte
sie dort beim Namen,
die Flüsse auch.
Wie hoch gebaut
die Stadt!
Sie geht da ein
und aus,
zählt die Tore,
zählt die Häuser
in einer Sprache,
die ich nicht kenne,
die von mir weiß,
die mich nennt
beim Namen.

Vorläufige Erfahrung

Die Erde springt auf
wie ein Apfel.
Sie teilt,
was wir wußten,
sie reißt uns entzwei.
Fern sind wir
uns.
Unsere Mütter haben

uns noch
vom Leben erzählt.
Abends zählen wir
die Rauchfahnen
auf dem andern Kontinent.
Er entfernt sich
von uns.
Wir entfernen uns
von ihm.
Es ist unsere Hälfte
des Lebens.

Danach

Die einfachsten Verrichtungen
hatten sie verlernt.
Nichts hielt ihre Erinnerung
fest.
Aus Kinderschuhen sprossen
Wegwarten.
Manchmal, wie im Spiel,
fingen sie Tropfen aus
der Luft,
geronnenes Blut
oder sie bauten
Türme aus Sand
und hingen ihnen
Glöckchen in die Fenster.
Eine Weile warteten sie
so
noch am Rand der Erde
auf jene,

die nach ihnen kommen
könnten.
Ohne daß sie miteinander
sprachen
und
planlos.
Bis sie leicht genug waren
für den Wind.

Finis

Als unterm Eis,
dem großen, letzten,
das die Erde einschloß
und kühlte
nach dem rasenden Feuer –
als unterm Eis
die Rufe, die Schreie,
die Seufzer sich
sammelten, losgelöst
von den Mündern,
winzige Blasen,
in denen die Laute
vorm Schweigen erstarrten, –
als unter diesem Eis,
das keiner je sehen wird
außer dem Einen,
den nie einer sah,
die Rufe laut wurden,
die Schreie, die Seufzer,
begann die große Kugel,
sich an Wärme erinnernd,

ans Leben, vom Kern
her zu bersten. Und
der Himmel weitete sich
zum Abgrund.

Savonlinna (Finnland)

für Mitsuko Shirai und Hartmut Höll

1 *Der See*

Das Wasser tönt
unterm Steg,
auf dem ich liege;
den Himmel über mir
hab ich nicht
mitgebracht.
Nachts, wenn er
dunkeln sollte,
verschwendet er
den Tag –
berauscht gleiten wir
in den See,
den Fischen gleich
oder jenen Wesen,
um deren Leiber
das vom Himmel satte
Wasser Schuppen legt.
Uns vergessend
treiben wir

in fremder Haut
nahe dem tönenden
Steg.

2 *Die Wörter*

Kieselsteine im Mund
und Wörter,
die auf ihnen
kauen,
Steinwörter,
alt und haltbar,
mit einem Kern
aus süßem Schnee:
Sie können,
sobald die Wälder
im Wind
sich beugen
und der Abendsee
Feuer schluckt,
zu singen
beginnen.

3 *Der Wald*

Jeden Abend
tritt der See,
übervoll von Licht,
über die Ufer
und treibt den Wald

vor sich her;
jeden Morgen
kehren die Bäume,
deinen Schlaf streifend,
sich schwarz in
deinen Träumen
zusammenrottend,
an ihren alten Ort
zurück –
dann kannst du
hinausschwimmen
und sie,
die wieder Verwurzelten,
aus größer werdender
Entfernung
sehn.

4 *Die Elstern*

Die graumäntligen Elstern
hier
stehlen,
was am Straßenrand verloren
ging,
verarmte Weglagerer.
Im Nachtlicht aber
putzen sie sich heraus,
nehmen lang vergessene
Namen an
und singen mit
den Stimmen
anderer –

du kannst sie hören,
wenn du vors Haus
trittst
und ihnen glaubst.

5 *Das Kind (An M.)*

Diesem Kind, das
mit Linné korrespondiert
über die Pilze
im Norden,
das Tamino
den kürzesten Weg
durch den Wald
weist,
das mit seinen grundlosen
Augen
Sprichwörter in eine Sprache
übersetzt,
die ich nicht kennen darf,
diesem Kind, das
wie ein Nachtfalter lebt,
lautlos, und
das mir voraus hat,
was ich fürchte,
diesem Kind, das
sich zwischen zwei Buchseiten
preßt
wie ein Stück Birkenrinde –
ihm bin ich
hier
begegnet.

Nachtlied

Wohl tut es, den Rest
unserer Zeit auf der Haut
zu verteilen.
Wir altern. Wir tragen
ab, wovon wir zehrten:
Dieses Lächeln, das
sich Anfänge zutraut,
dieses Haus, das
hofft zu bestehen,
diesen Lärm, den
wir ausschicken, um
Leben zu bekräftigen –
reib's dir ein in die Haut.

Verstreute Gedichte 1956–1988

tröstereime

singt drum kinder singt den segen
singt den apfel singt das gras
singt das blech und männerhaß
singt die leere und das faß
singt den wurm und singt den regen!

singt drum kinder singt den segen
singt was keiner singt – singt laut!
singt den sinn der häuser baut
singt den knüppel der verhaut
singt das aber und das wegen!

singt drum kinder singt das gras
singt den duft und singt die truhe
singt den huf und auch die schuhe
singt den schrei und raschelruhe –
singt ihr laut so habt ihr was!

singt drum kinder singt den laut
singt den mund und singt das lied
singt den buchstab der nie flieht
singt das amen zum beschied –
singt den laut der kinder baut!

widerworte

du hast dir deinen himmel selbst gemalt
und wenn du fortfliegst, stößt du nicht daran.
du hast mit keiner welt geprahlt,
vergessenes siehst du mit zutraun an.

du trägst die alten dinge sacht umher:
die spiele, masken und das szenenwort –
sie wiegen leicht, sie warn nie schwer,
verrücken dich und nicht den ort.

wo bin ich schon daheim, fragst du den schuh –
rufst dir figuren hoch, die niemand kennt:
sie bauen straße haus und turm im nu
und schlagen eine sonne an, die nichts verbrennt.

so bist du weit: wer dich erreichen will, der trennt
sich vom gesicht, das er sich aufgesetzt,
verläßt den namen, der ihn nennt,
verstößt das echo, das er durchgewetzt.

du lobst die silben, ächtest den vergleich,
stäubst floskeln aus und machst die wahrheit leer –
du spielst, verwandelst, schaffst ein reich
und holst von neuem alle widerworte her.

fundevogel

fundevogel, lieber reim:
siebenschlaf und honigseim –
plötzlich wacht der segen auf,
zögern ist sein lebenslauf.

dort wo andre länger wachen,
wacht er mit und schlitzt das lachen.
dort wo andre länger träumen,
hilft er, reisen zu versäumen.

find den vogel, lieber reim:
letzter schlaf und fliegenleim –
keiner spielt mehr, keiner lacht,
jeder hat sein nichts gedacht.

auf dem reim nachhausgeritten –
fundevogel, kleines glück.
niemand wird den vogel bitten:
laß dich finden, komm zurück!

kein rätsel

bestimmt nicht leicht
bestimmt nicht schwer
und auch nicht groß
erst recht nicht klein –
was mag das sein?

ein wenig nichts
ein bißchen mehr –
der fuß vom ja
der kopf vom nein

weise möglichkeit

da steht der zag,
da sitzt der haft –
und beide wissen eines:
daß keiner lag
gibt ihnen kraft –
trotz des geknickten beines.

dem fabelzahn

der uns so höhnisch umgekehrt:
der schnabelhut
der fabelzahn
hat von sich selbst so lang gezehrt
im untermut
im überwahn,
daß er verzog
daß er verging
und auch noch log
als man ihn hing.

pinocchio

in pinocchio der holzwurm summt,
im kopf und in den knien,
er ist schon alt und ist verstummt,
er hat sein holz sich nicht verziehn.

ein atemsprung, das holz erwacht,
nicht fleisch wirds und nicht luft:
es bleibt im wort, aus wort gemacht,
regt sichs, wenn einer ruft.

sein silbenherz versöhnt das spiel,
in sätzen hüpft sein leben:
subjekt, objekt – es braucht nicht viel,
den bengel aufzuheben.

er schmeckt das verb, nicht seinen sinn.
er sagt sein holz, nicht seinen geist.
er weiß im her nie auch das hin.
und nur im zuruf ist er nicht verwaist:

pinocchio pimpinelle
rühr dich nicht von der stelle
spring ins wort
sprich dich fort
pinocchio pimpinelle

bruchstücke

I

hörte die schwester, sie trat ein, kam zu ihm, ging fort, kam wiederum, aber sie sagte ihm nicht, daß ich gekommen bin, bruder, freut es dich? bewegte sich ruhelos nach der ruhe, veränderte ihn allmählich, versuchte ihn aufzulösen, doch er widersetzte sich, bis er das zögern war, in ihm das zögern in stockenden wellen ihn sprach, und sie ihn bewohnte, meine schwester

2

kommt, taucht auf, schlägt nieder, sein reif, sein tau,
sag, was trug der könig an jenem abend? und zeichnete
mit dem zepter, wie sie hinausgingen, den schatten
verzehrten, bis das licht alles aufnahm, seinen hof,
seinen staat, und niemand wagte es, sie zu verfolgen,
denn es war nichts mehr, die landschaft nicht, nicht
ein einzelner baum, nicht der palast, die kohorten
nicht, so nahm das licht überhand, und keiner fragte
noch, sag, mein könig?, der sich begab

pommerland ist abgebrannt

wes pommerland ist abgebrannt?
du hast es noch gewußt.
nun ist es schon ein ander land
das ratzekahl ist abgebrannt –
und niemand hats gewußt.

es brannte wie das pommerland –
der vater war im krieg.
dort wo der rote hahn verschwand
am horizont von deinerland
sprach keiner mehr von sieg.

dies land ist nun auch abgebrannt –
maikäfer flieg!
von meinerland ins niemandsland:
schon immer ist es abgebrannt,
die asche ist sein sieg.

WIE SOLL ICH REDEN über das Land Sogenannt?
Wie soll ich schreiben über das Land Sogenannt?
Wie denken über das Land Sogenannt?

Geredet habe ich mit einem,
der kam aus dem Lande Sogenannt,
der redete mit einem
aus dem Lande Sogenannt:
dies ist das meine,
dies ist das seine.
Willst du tauschen? fragte er mich.

Wie soll ich reden über Sogenannt,
das eines ist
und eines nicht
und meines ist
und meines nicht.
Wie, wenn es nicht ist, nur so genannt?

Sechs Sätze für Fabian

Fünfmal einen Kreis schlagen.
Viermal eine Erbse tragen.
Dreimal in der Mitte stehn.
Zweimal um die Ecke sehn.
Einmal an der Nase drehn.
Nach Hause gehn.

Verabschiedung

Ich werde gehn,
ich habe gesagt:
weil ihr
euer Gedächtnis
verloren habt,
weil ihr
nur wenige Stunden
alt sein wollt,
weil ihr euch vergeßt,
weil eure Vergangenheit
blind und taub ist:
diese zugewiesene Amnesie –
ich werde gehn
mit meiner Geschichte,
die euch
ärgert.

Es kann sein

daß ich dieses land
verlassen,
daß ich
auf meine tägliche Arbeit
pfeifen werde,
so,
wie ich meine Verachtung
schreibe,
meinen Verdruß:
die,
mit denen ich geredet habe,
schweigen

oder reden mit andern
oder reden
mit sich selber
oder erfinden eine Sprache,
deren Wirklichkeit
nur die ihre ist,
wenn sie es ist,
die sie aber ausgeben
für die Wirklichkeit aller,
darum verlasse ich sie,
weil sie leicht
zu verlassen sind.

Den Frieden erhalten

Den Frieden,
sagen sie,
den Frieden erhalten,
den Frieden der Welt
für die Hungernden,
für die Vergessenen,
für die »kleinen Kriege«
und ihre Opfer,
den Frieden,
auch hier,
für die wenigen,
denen die Früchte des Friedens
zufallen,
die
am Frieden gewinnen,
die
ihn erhalten,
sagen sie.

Depressionen

1

Ich höre auf, Wörtern
zu trauen.
Sätze zerfallen
in meinem Kopf.
Ich möchte ein
anderer sein, so
fange ich an,
mich aufzulösen,
mache die Fremden
fremd
und verlasse mich
auf die tägliche Qual,
noch einige Sätze zu hören
von dem,
der ich gewesen bin.

2

Geb ich mich auf,
werde ich aufgegeben.
Neid und Haß
anderer
kühlen mich aus.
Ich rede
gegen diese Wand
vom
Frieden
und meine:
die Erstarrung,
den leeren Kopf,
das blinde Auge,
den sprachlosen Mund.

3
Die ganze Kindheit –
das Geschrei der
Frauen
und die versuchten
Fluchten.
Wenn ich zurückkehre,
wenn ich jetzt
wohin?
zurückkehre,
will ich den Haß
wieder
finden,
daß niemand mich erreicht:
Nur die Wärme der Wut.

Kritischer Moment beim Schreiben eines Romans

Wenn, wie so oft, dein Gegenüber, diese
Erfindung aus Wirklichkeiten, sich wehrt,
einen Satz zu sagen, den du ihm zugedacht hattest,
eine sprechende Stelle aus deinem Gedächtnis,
begreifst du von neuem, daß es kein Spiegelbild
ist, mit dem du, seit langem, täglich umgehst.

Sanfte Missionare

Manchmal sprechen junge Männer an der Haustür
vom Weltuntergang, sie wissen es besser und
sie haben es schriftlich. Sie verlieren auch nicht
die Geduld in dieser kurzen Spanne Zeit.

Sie lassen sich vertreiben und rechnen mit dem
Gelächter, das ihnen folgt. Die Furcht, die sie
verteilen, aufgeschrieben in wiederholbaren
Sätzen, ist ihnen aufgetragen als Übung.

Sie verstehen Kriege zu lesen als höhere
Nachricht, Katastrophen als endgültige Botschaft.
Da sie glauben, die Frist zu wissen, vermeiden
sie es, sich einzumischen in ihre Zeit.

Für Ernst Bloch

Der Begriff
Hoffnung,
den mein Philosoph
an der Geschichte
prüfte –
ich spanne ihn
zwischen zwei
Bäume
am Horizont
und wage es nicht,
auf
ihn
zu
zu
gehn.

Zeilen für den nächsten Abend

Meine Haut wird enger.
Die Jahre haben sie gespannt.
Es kann sein,
auch meine Stimme
wird leiser.
Komm, Abend!
Ich sammle das Gelächter
von gestern,
das schöne Selbstvergessen
und verschenke dies alles:
die fremden Stimmen,
die mir vertraut wurden;
alle jene verwegenen Sätze
der Hoffnung;
Gesichte,
die ich auswendig kann;
und diese Bescheinigungen,
die
den Tag haltbar machen sollen –
verschenke dies alles
für die Zärtlichkeit
an Abenden,
an denen eure,
meine Geschichte
zu einem Satz wird,
den wir tauschen,
unentwegt:
das Glück genießend,
aufzubrechen
ohne Verabredung für den Morgen.

An den Maler Jerg Ratgeb

Der Bundschuh,
wär er eine Blume,
du hättest ihn
gemalt.
Nicht auf einer Wiese,
aus Händen wachsend,
die vergaßen,
Fäuste zu sein.
Aber die Herren ließen
dich in vier Stücke
reißen
auf dem Markt
und sahen zufrieden,
wie die Hände
sich wieder
schlossen.

Ein anderer Morgen

Mitten am Tag
will ich den Tag
noch einmal
beginnen.
Ein Atemzug fehlt,
ein erwartetes Bild
eine erhoffte Zeile:
zum Beispiel wünschte
ich mir,
daß auf dem Stuhl
vor meinem Fenster

die alte Katze wieder
einschläft
und sich durch mein Ungeschick
nicht
erschrecken läßt.
Und daß du,
weil der Tag nicht
mißlingen soll,
zurückkehrst in den Morgenschlaf,
zögernd erwachst,
dem Licht nicht traust
und
mit einem schönen Seufzer
mich in mein Gedicht
schickst.

Der Flörsheimer Wald (an der Startbahn West)

Jetzt, mit einem Mal, fangen wir an,
die Bäume zu zählen,
drei Millionen stummer,
nur mit dem Wind redender
Nachbarn, die uns atmen lassen.
Jetzt, mit einem Mal, ahnen wir
die Wüste, in der wir leben,
arbeiten müßten, ohne Hoffnung,
daß die Flüsse schwellen, den
Beton aufreißen, das Land neu
begrünen werden.

Wie oft haben wir gleichgültig
zugeschaut,
wenn Habgier die Erde verletzte.

Jetzt, mit einem Mal, weil die
Bäume uns nah sind, legen wir
schützend unsere Arme um sie.

Vielleicht aber denken wir
übers Eigene hinaus und beruhigen,
selbst wenn dieser Wald uns bleibt,
unsern Zorn nicht
und nicht unsere Trauer,
sondern sind Bäumen nah, die uns fern sind,
jenen, die in breiten Schneisen
stürzen, im brasilianischen Regenwald,
oder den Geistern jener Bäume,
die, längst gefällt, sich mit der
Klage der Dürstenden verbünden
in der schattenlosen Sahel.

Wissentlich falsch ausgeführt
haben wir den Auftrag, uns die
Erde untertan zu machen.
Wie Herrschende benahmen wir uns,
die nichts wünschen als
die Ergebenheit der Beherrschten.

Die Erde jedoch wird sich wehren.
Sie wird uns, am Ende, nichts
mehr geben
als den Staub,
in dem wir aufgehn.

Noch aber fließen, wenn auch
von unserm Unrat beleidigt,
die Ströme.
Noch stillt die Erde, wenn auch
ausgezehrt von unsern Giften,
unsern Hunger.
Noch aber atmen, wenn auch
gebeugt unter schwefligen Dünsten,
die Wälder.

Wir, die wir zu ihren Schülern wurden,
sollten die Lehre der Bäume verbreiten.

Für F.R.

Die Gaukler werden
immer rarer.
Die Zahl der Atemabschneider
nimmt zu.
Hol tief Luft,
um ihnen zuvorzukommen!

WENN JEDER EINE BLUME PFLANZTE,
jeder Mensch auf dieser Welt,
und, anstatt zu schießen, tanzte
und mit Lächeln zahlte statt mit Geld –
wenn ein jeder einen andern wärmte,
keiner mehr von seiner Stärke schwärmte,
keiner mehr den andern schlüge,

keiner sich verstrickte in der Lüge,
wenn die Alten wie die Kinder würden,
sie sich teilten in den Bürden,
wenn dies WENN sich leben ließ,
wär's noch lang kein Paradies –
bloß die Menschenzeit hätt angefangen,
die in Streit und Krieg uns beinah ist vergangen.

ICH SCHREIB AUF DIESE SEITE
nur diesen einen Satz:
Ich mag dich wirklich – heute!
Für morgen ist auf einer andern Seite Platz.

Der Friedensbote
Zwettl 1945

Ich hab den Frieden gesehn.
Er kam, sich wiegend,
auf einem Panjewagen,
jung,
den Leib voller Gelächter,
einen roten Stern
auf der Mütze
und warf uns
einen Laib Brot
zu; er
war warm.

Kein Krieg mehr,
rief er,
Frieden,
rief er.
Die Pferdchen rieben sich
aneinander, als
er sie antrieb.

Schon war er wieder
fremd
und
unsere Furcht
hat er nicht
mitgenommen.

Eine Blume für WH

Die Elefantenblume,
nun endlich doch entdeckt,
an einem bessern Zweig,
auf den sie zufällig gekommen war,
aus Rüsselsamen, aus Trompetenflaum,
sie ist nicht gross; ein grauer Hut
mit Augenzeichnung sitzt
auf einem stark behaarten
Stil und rutscht,
ehe der Nachttau ihn verdirbt,
in ein Gehege von sieben
fetten Blättern, kinderhändegroß –
so welkt die Blume auch,
doch dies, wie zu erwarten ist,
erst nach der Elefantenzeit.

Zwischen den Jahreszeiten

Der Garten leert sich,
die Vögel ziehen ihre
Stimmen zurück, und
der überwachsene Stein
wird sichtbar.
Ich lerne das Frösteln
wieder,
lehne mich an
die Ziegelmauer,
sehe meinem Atem nach,
der nicht weit kommt,
und denke an den Sommer,
der mich ausstieß,
mich mit Schüttelfrost
winterfest machte
in den Nächten zwischen
den Jahreszeiten,
in denen ich die alten
Buchstaben vergaß
und neue
noch nicht schreiben konnte.
Mühsam
beginne ich nun
zu reden,
schaue hinüber zu dir
und warte,
wie nach so langem Schweigen
die Antwort
ausfällt.

Tagebuchblatt

Den aufgehobenen Brief,
der mich erinnert
an deine unerwartete Ankunft,
die kurze Fahrt
entlang den Seen, die
noch immer
mit schlürfenden kleinen Wellen
ans Meer denken,
den von grinsenden Plastiklöwen
bewachten Garten
am Rand der Autostraße,
wo dein Lachen alles
begleitete,
was wir uns dann zutrauten:
die Cognacs
und die Fragen des Wirts,
den Gang hinüber zur Schlafhütte,
und eine Viertelstunde,
in der wir
uns
unsere Fremde erklärten,
mit unseren Händen,
unseren Lippen,
unserem Atem,
und hinausgingen, damit,
ehe du weiterfuhrst,
dein atemlos gewordenes Lachen
enden konnte, und
ein kleines Wort hinter
meinen Zähnen wütend wurde:
Bleib –
den aufgehobenen Brief

habe ich ins Wasser fallen lassen,
an jene sehnsüchtigen Seen denkend,
daß die Schrift
sich löst.

Der Maler

Für Alf Depser und seine Nachbarn,
die Kochs

An ihn denke ich oft,
der eingepuppt in seinem
unterm Wind
kauernden Haus
sein Fernweh dem Papier
anvertraut,
so behutsam, daß er sich
mit einem verlorenen
und wiedergefundenen
Blick
von neuem verletzt.

Manchmal bricht er
auf,
setzt sich aufs Moped,
das er reitet wie
ein kleines, störrisches Pferd,
und besucht
seine zeichnenden Freunde
Dürer und Altdorfer,
sieht ihnen nicht
über die Schulter,
sondern auf die Finger,
erzählt von der Möweninsel,

den tausend
fliegenden Strichen,
sammelt die Reste
der alten Welt ein,
erträgt die neue
nur mit Mühe
und kehrt mit vielerlei
Schriften zurück:
denen des Himmels,
der Wellen,
der Gräser,
des Horizonts,
der Vögel und
der Menschen,
und bringt sie
in seinem Heimkehrertraum
durcheinander.

Er könnte erzählen.
Zwischen den Blättern
seiner Malbücher
sind ungezählte Stimmen
gepreßt,
die nachts reden,
sich ins Wort fallen,
das Vergessen
aufhalten.

So lebt er und
hat gelebt:
Zwei Schritte hinter
der Zeit
und ihr dennoch
voraus.

Die Waage

Das ist eine Waage.
Sie ist groß.
Auf ihr können Kinder sitzen,
in den Waagschalen.
Dort eines, hier eines.
Das eine Kind ist schwerer,
darum springt die Waagschale mit dem leichteren hoch.
Wie kann das Kind sich schwer machen?

Es muß ganz tief einatmen.
Oder schwer träumen.
Dann ist die Waage wieder gleich.

Für Hermann Lenz

Hier,
in Trier,
auf den Zuf wartend,
steh ich schweigend
neben ihm.
Mir scheint,
unsere Schultern berühren
sich
für einen Augenblick
und ein jeder lehnt,
andächtig und behutsam,
an des andern
Erinnerung.
Auf unsern Lippen

stauen sich
Sätze,
die wir nicht aussprechen
müssen,
da wir sie schon wieder
vergessen,
um sie
zu besitzen:
So
könnte Eduard
uns aushalten.

Anfänge

Meinem Freund und ersten Verleger – dem Herrn des »alten Hauses« – Otto Wolfgang Bechtle mit allen guten Wünschen zu seinem 70. Geburtstag.

Diese Anfänge:
da ließen sich Verse
über den Fluß,
den Neckar werfen
und hungerten nach Antwort.

Mit meinem Mädchen
suchte ich in den Wäldern
nach Spuren:
da nämlich
ist einer
vor mir gegangen.
Und in den Nächten
wuchs ich
bis zu den Sternen.

Mein Land ist es
geblieben.
Dort schrieb ich meine Erwartung
hin zum Horizont,
verlor mich dort
in seliger Bläue,
rieb meine Gedanken am Trauf,
dort betrat ich,
mich vorausredend,
ein altes Haus,
um das Gespräch zu lernen,
über Verse, über Bücher.

Kein Purzelbaum für Ledig

Was soll mein Purzelbaum denn schon bezeugen?
frag ich mich, aufgefordert und bedrängt,
und fange an, mich rund um meinen Wanst zu beugen –
die Masse rollt und rugelt ungelenk.

Du schlägst ihn, liebster Ledig, ohne Makel,
Du hast ihn vor-geschlagen und Du schlägst ihn nach;
schlüg ich ihn (selbst für Dich!): Was für ein albernes
Spektakel
bekämest Du zu sehn – erst krümmte ich mich und dann
läg ich flach.

So laß mich, Freund, Dir ungepurzelt gratulieren
und wünschen Dir, was haltbar ist: Vom Glück den
Saum.
Und ich will – unbeschädigt – auseinander dividieren,
was Du im Flug zusammenbringst: Vom Purzel den
Baum.

Unser Hirschau

Für Johannes – nach mehr als dreißig Jahren

Die Porta nigra,
die wir uns ins Hirschauer
Zimmer bauten,
lieber Johannes,
hielt für die Dauer
eines Gedichts.
Mich beschäftigte sie
weniger
als Schuscha,
die Katze.

Dur redetest mir Verse
aus
und setztest deine
wie Zäune.
Wir lebten von nichts
und gründeten
Landschaften.

Die obere Stadt,
die untere –
dein Athen.
Ich lernte es
kennen, als es
erstickte. Und
die steinernen Götter
ihren Lorbeer
abwarfen.

Jetzt, Lieber, laufen
uns die Jahre
auf schmutzigen Füßen
davon.
Aber noch immer
laufen sie
durch die Gärten
Hirschaus und
reißen Zäune ein.
Da wirft eine alte
Katze ihren Schatten.

Dein Abend, meiner.
Wir beginnen zu reden
über Gedichte,
über uns.
Nicht die Pallas Athene
Benns
und nicht Georges Knabe,
ein paar Steine
im flachen Wasser
und ein Weinberg,

der das Meer vergaß,
dorthin
laufen wir,
auf schmutzigen
Füßen.

Für Walter Jens

Die Stimmen scheinen
leichter denn je
in unserem Herbst.

Stimmen von fern,
Stimmen vor unserer
Zeit,
Stimmen aus den Büchern,
den Wolken,
den Tomben.

Wieviele schöne Reden
und manche auch
wahr.

Keiner kennt sie
wie Du,
Freund.

Und ihr fortdauerndes Leiden:
daß sie am gemauerten
Unverstand
verhallten
und die Macht

ihrer List,
ihrer silbenklaren Weisheit
spottete.

Jetzt höre ich
Dich,
Du redest
den zornigen Traum
weiter,
nimmst auf, was
– gesagt –
vergeblich schien,
weist nach
und weist voraus:
So könnte es sein,
wenn –

Mein Lessing (1729–1781)
Für Hans Küng

1
Nun wohl, meine Liebe,
so will ich denn den 6ten
gewiß bei Ihnen sein,
schreibt er aus Wolfen-
büttel an seine Eva,
etwas gehetzt und sich
voraus, ein Liebender
zwischen Pflichten.

Nichts weiß er jetzt
in Wolfenbüttel, er,
der die Liebe in die Furcht
pflanzte und die Güte
in die Wüste. Nichts:
Was ihn erwartet, das
befristete Glück, die
unausgesprochenen Sätze
für ein verwehrtes Später.

Er wird sein Gesicht
auf ihr kaltes Gesicht
legen und das Leben
schreien hören. Nichts:
Den Ring getauscht und
auf den Finger zurück-
genommen, ach Liebe.

Es bleiben die Bücher,
die Selbstgespräche
bei Nacht und das Fenster
offen zum Himmel: dieser eine,
dieser dauerhafteste
aller Sterne
hört
ihm
zu.

2
Was er an Moses Mendelssohn schrieb:
Der Reisende, den sie
mir vor einiger Zeit schickten,
war ein neugieriger Reisender.

Der, mit dem ich Ihnen jetzt
antworte, ist ein emigrierender.

Ich denke ihn mir: sich selbst
zugeschickt, der eine, der andere.
Eine Zeit dazwischen, die
er mit Lesen füllte, mit Schreiben.
Figuren wußte er genug, Beispiele.
Und sein Theater konnte er bauen.

Dort der Horizont und da
das kleine Haus vorm Schloß.
Ein Herr ohne Güter. Die eine
Zeit ist um, die andere wird genutzt –
bei sich und längst schon unterwegs
in das Exil, das er vermessen wird:

Und weiß es, keiner wird's ertragen.

Assisi

Da ist Francesco gegangen,
da warf er seinen Kinderschatten
mit einem leuchtenden Kern,
da riß er sich die Wurzeln aus
und pflanzte sich in den umbrischen Wind,
da beschenkte er die Brüder mit Armut,
da säte er Sätze aus
für die Vögel, die gefiederten Engel,
da widerrief er die späteren Bilder,
ihren Ruhm, ihre Heiligkeit,
da legte er sich auf die Erde,

atmete mit ihr, lauschte ihrer Geschichte
und erzählte sie neu,
so daß die Vögel und Hasen sie verstanden,
die Felsen und das Wasser,
die Menschen und die Bäume
und der Staub unter unsern Füßen
auch.

Abendlicher Entwurf

So vorläufig waren die Abende nie.
Die Gegend verliert
ihre Zeit.
Nun haben die Steine
ihre Stunde,
nun beginnen die Berge
zu wachsen,
nun steigen die Fische
schwarz aus den Seen,
nun stoßen die Bäume
ihr Geäst ab,
nun gefriert das Licht
vorm Abend
und trennt
den Himmel
von der
Erde:
staunend,
befreit von der Angst,
werfen wir
mit wenigen Wörtern,
die wir noch kennen,
uns voraus.

Inbild

Mit den Augen der Möwen,
der Elstern:
unsere Spiegelbilder.
Wenn die Nacht
in den Morgen
gleitet,
zeichnen sie uns,
die Elstern, die Möwen,
unter den Schultern,
auf der Brust,
Wundmale
aller vergangenen Liebe,
die
durch
schlägt.
Ein
Mal.

Dollhopfs Bilderbriefe

Neuerdings bekomme ich Briefe,
die Briefen nicht gleichen,
die ich aber lese
als Briefe, als Botschaften,
Bilderbriefe sind es –
und wieder nicht:
Palimpseste, wunderbare
und verwirrende Schichtungen
von Schriften, Landschaften,
Figuren. Briefe, die

mir ein Fenster öffnen
in Gegenden, wo
die Buchstaben laufen lernen,
ihr Gewicht verlieren,
sich auf Reisen begeben,
wo Träume sich
den Tag zutrauen.
Lesend löse ich
die Schichten voneinander,
stürze in Ausblicke, entdecke
Spuren einer Gratwanderung,
durchdringe die schuppigen
Ablagerungen von
Melancholie,
halte inne vor jenen
Schattenwürfen,
die mich an das Licht
erinnern, das wir
dachten, schrieben, malten.

Nachwort

Es ist lange her. Ich erinnere mich gut. Man schrieb das Jahr 1955, als ich in dem Gedicht las, das sich »Chanson« nannte und das von einer zarten Kunst- und Liebesfigur namens »Yamin« angestimmt wurde, dessen Autor mir bis dahin völlig unbekannt gewesen war. Er hieß Peter Härtling und lebte damals im Südwesten unseres Landes, war zweiundzwanzig Jahre alt. Dieser Yamin hatte etwas von Lehmbrucks Jünglingsplastiken. Er wirkte übertrieben schmal, melodisch schmal, wenn ich so sagen soll. Er lebte sein empfindliches Dasein, in das ihn sein Erfinder Peter Härtling, der selbst noch fast ein Junge war, entlassen hatte: »mit pierette / ein rendezvous hat YAMIN / in der engsten straße der stadt / die blumen in YAMINS hand frieren. / zurückschaun und warten / im fenster schubert spielt / impromptus aus regen.«

Das Gedicht war selber ein Impromptu. Es hatte die Zartheit der Improvisation, des fast Zufälligen, des Unschuldigen und des tief Melancholischen. Diese Serenade des Wartens hatte etwas von dem, was in dem jungen Härtling, der damals noch keine Prosa veröffentlicht hatte, versteckt, aber hier offenbar schien: Spielgeist, Spiegelgeist. So nannte sich ein sieben Jahre später erschienener, bereits vierter Gedichtband. Der Lyriker Härtling war inzwischen weitergekommen. Er hatte Yamin verabschiedet, ohne ihn vergessen zu haben. Man kann Yamin auch nicht vergessen, nicht nur als sein Autor nicht.

Die frühen Gedichte Härtlings hatten – wie damals manche Gedichte von Höllerer, Günter Bruno Fuchs, auch Elisabeth Borchers, eine bestimmte Stimm- und Sprechlage, die als Strömung einige Zeit in Gedichten jener Jahre erkennbar war. Manches an ihr wirkte wie ein Echo auf den wiederentdeckten Hans Arp, und die liebenswürdig-kindlich-träumerische Erfindung »Yamin« stand gleichsam in Rufnähe. Sein Erfinder hat sich später über ihn geäußert: »Yamin ist die Lust zur Metamorphose. Er ist kein gewöhnlicher Narr. Er kann nicht nur sein Lächeln lächeln, sein Lachen lachen, sein Weinen weinen. Mit ihm war dem Schreibenden möglich, in die Dinge zu schlüpfen und dem beharrlichen Ich, das nicht aus seinem Zirkel springen kann, den Boden zu entziehen.«

Als Peter Härtling dies sechs Jahre nach »Yamins Stationen« anläßlich Hans Benders Sammlung »Mein Gedicht ist mein Messer« sagte, hatte er schon Abstand gewonnen. Und doch war noch manches so ähnlich. Er hatte sich in der zauberisch liquiden und bezaubernd kindlichen Märchen- und Einfaltsgestalt Yamins nicht einfach eine Maske vorgebunden, nicht bloß eine Figur, eine Figurine für sich und sein Wesen sprechen und handeln lassen. Die poetische Reinheit Yamins blieb so und war nicht wiederholbar. Aber es gab manche Varianten. Es gab kindliche Stücke und Gedichte von Kindern und für Kinder und bis in die Gedichtbandtitel blieben die Absichten jener »Metamorphosen« jener zarten und unablässigen Wandlungen in Winken, Zurufen, Widmungen, Erinnerungen erhalten.

Die zauberladenhaften Divertimenti wurden nach und nach stabiler. Ihnen wurde nicht die Luft entzogen, in der sie atmeten. Aber sie bekamen mehr und mehr Boden unter die Füße. Sie bekamen sozusagen Hand und Fuß, waren nicht mehr Gespinst und hochsensibles Phantasiegeschöpf. Die Vorstellungskraft festigte sich und erweiterte sich so bei Härtling, der nun Prosa veröffentlichte, Romane, Erzählungen, der sich essayistisch äußerte und Stellung nahm. Der Schubertton blieb unverloren. Schumanns »Kreisleriana«, von der in einem viel später geschriebenen Gedicht die Rede ist, ist nicht unverwandt. Und Lenaus Geigenspiel, sein wildes, besessenes und tieftrauriges und zugleich übermütiges Improvisieren zog sich wie eine Hintergrundmelodie durch Verschiedenes. Das Staunen Yamins, seine ratlose Traurigkeit veränderte sich, aber noch lange blieb in den Gedichten etwas vom großen Kind versteckt, das nicht erwachsen werden muß, um sich so auszudrücken, wie Härtling es tat. »Unter den Brunnen« (1958), »Spielgeist Spiegelgeist« (1962), danach die »Neuen Gedichte« (1972), die »Anreden« (1977), diese Personengedichte, diese hochkommunikativen Gedichte bringen bei aller großen Weiterentwicklung etwas, das noch an die Unbegreiflichkeit, den flüchtigen Zauber von früher erinnert. Jugendlichen Schwermut und Anmut zu wiederholen, wäre unmöglich gewesen. Aber die spielwerkähnlichen Gedichte, wie für sehr ernsthafte Kinder geschrieben, setzten fort, was dem ätherischen Yamin damals nicht möglich gewesen war. Sie versuchten, festen Boden zu bekommen, Land, Herkunft, individuelles Geschick, persönliche Verhältnisse zu zeigen. Das frühe Spiel wurde gewiß nie wieder so »durchgespielt«. Und im übrigen weiß man, daß jedem Spieler von einem bestimmten Augenblick an mitgespielt wird. Spiel ist mehr als ein pays cache-cache. Man kann sich nicht ein für allemal im Spiel verstecken, und das schöne Blindekuhspiel muß irgendwann ein Ende erreichen. Andere nehmen einem die Binde ab, wenn man es nicht selber besorgt: die schützende Binde vor den Augen, das wunderbare Tuch, hinter dem man blind ist und poetisch dazu.

Bei dem, was Peter Härtling nun schrieb, spielte das Autobiographische hinein. Die Gedichte waren gewiß nicht mehr außerhalb von Ort und Zeit gestellt. Doch die Autobiographie schloß noch nicht jene immer kommunikativer werdende Leichtigkeit aus. Immer gab es noch etwas vom Puppenspiel und vom Staunen mit großen Augen. Härtling konnte, weil er sich Staunen erhielt, seine Bücher für die Kinder schreiben. Das Kind erstand in einem immer anderen Kind in Vers und Prosa, während der längst erwachsene Mann seine Zeit sah, in die er hineingestellt worden war, die er erlitten, gegen die er sich zur Wehr gesetzt und die er beschrieben hatte, so detailliert und gerecht wie möglich. Doch im Gedicht hält sich das Unbegreifliche und hält sich das Unwiederbringliche länger. Die Musik verschwand nie aus den Gedichten und das Spiel hörte sich im »Spielgeist« so an:

aufgestöbert und zerbrochen
spielzeug an den kleidern baumeln
liest musik aus seinem taumeln
hat den aberwitz gerochen

steigt ins lachen taucht ins weinen
sammelt beides streut es aus
schickt den sand ins wetterhaus
hält den andern für den einen.

klingelt kleistert klirrt und klopft
spottet türen reizt die zahlen
jubelt wenn ein knurrhahn tropft
und beginnt den laut zu malen.

Es ist ein langer Abschied vom Spiel, vom spielerischen Ernst, von Aberwitz und Übermut, vom schönen Verfügen über den Sprachgeist, von dieser Spiel- und Minutenmusik in Wörtern, die sich noch reimen, während es doch schon »Olmütz 1942–1945« und anderes Verwandtes gab, was an den »Ausgewählten Gedichten 1953–1979« in den »Landschaften, Orten«, den »Personen« gedichten, aber auch an anderer Stelle erscheint und dazu gehört, das dringlich wird, aber auf Härtling'sche Art und Weise, auf fast zärtliche Weise aufmerksam machend, erinnernd, vergegenwärtigend, einbeziehend. Im Hinblick auf die »Spielgeist-Spiegelgeist« Gedichte heißt es einmal: »Das Kind weiß nun, wohin es der Zeitstrom geschwemmt hat, und es spielt, blind vom Tränensalz: ›ich bin alt‹.« Man kann es nicht empfindlicher ausdrücken. Immer noch ist der hochgeschossene, schmale Yamin an Leben und Werk. Er hat um sich eine besondere Kinderschar als Gefährten bekommen, ein besonderes Spielzeug und ein ernstes Spielzeug. Ich denke in diesem Zusammenhang an eine Zeile des französischen Lyrikers Léon-Paul Fargue. Bei ihm heißt es: »Der Tod ist das ernste Spielzeug Gottes.« So ernst – ahnt man, weiß man – kann es jederzeit zugehen im unerbittlich erwachsen gewordenen und gelebten Leben mit seinen Verhältnissen und Grenzen, die man nicht überspielen und überreden kann. Aber die Anrede ist doch geblieben, wie die Selbstbefragungen geblieben sind.

Und Anreden wie Selbstbefragungen sind ein wichtiger Bestandteil der neueren und neuesten Gedichte Peter Härtlings. »Anreden« war – vor zwei Jahren – der richtige Titel. Es waren Verständigungen, ein Umgang mit Freunden und Geistern, mit Lebenden und Gestorbenen und zugleich immer auch ein Umgang mit sich, ein Gespräch, das ins Selbstgespräch übergehen könnte, das man gelegentlich schon wittert, indem von einem bestimmten Anreden die Rede ist, in einer bestimmten »Anrede«. Das Selbstporträt, die Spiegelung, das Liebesgedicht als sensibelste Anrede gehören wie Wort und Widerwort ins Bild dieser Lyrik, wie Frage und Unterhaltung, auch wie ein Gedicht, das sich »An meine Feinde« nennt.

> Ich frage mich,
> was ich aufheben soll.

Viel habe ich zusammengetragen
in den letzten Jahren:
für wen könnte es nützlich sein.
Wer hätte Spaß daran?

Die Frage geht über ins Porträt, das das eigene Ich, das ernsteste Spiegelbild im Jahre 1977 aufzeichnet:

Wenn ich wieder
schreibe, dann
über die Bruchstücke,
von denen wir
annehmen, sie seien
alles.
Mein Gedächtnis
erinnert Sätze,
die erst Erinnerung
haben werden.
Wenn überhaupt.

So sprechen Jahre, in die man kam, in die auch Härtling kam. Und die Jahre stellen Fragen, genügend unbeantwortbare. Die Stimme, die eigene Stimme, hört sich nun anders an, und ist doch dieselbe. »Einige Fragen – an wen?«

Es hat sich nicht ausgefragt, so lange man schreibt und lebt und schreibend lebt mit dem besonderen Bewußtsein, besonders beobachtbar zu sein und zu bleiben. Es ist ein kompliziertes Weiterleben mit den Jahren. Die Fragen lassen nicht in Ruhe, die Fragen nehmen zu. Jemand, der in die Jahre zu kommen beginnt, hört zum Beispiel Schumanns »Kreisleriana«, das sechste Stück, das die Bezeichnung »sehr langsam« trägt, lieber allein. Er hört es nicht nur lieber, er hört es »immer allein«, und an dieser Stelle heißt es weiter: »und jetzt bin ich weit weg / von denen, /

die / meine Geschichte kennen / und mich aufsagen können, / damit ich bleibe.« Diesem Ernst ist nichts hinzuzufügen. Was bleibt, ist eine sehr langsame Klaviermusik im Zimmer, Schumanns Musik. Aber im Zimmer sind doch auch die anderen anwesend, ein für allemal: die Kinder, die Liebenden, die Puppen, der Strauch, der keinen Namen hat, der alte Friedhof in Nürtingen oder ein Haus in der Bretagne, und Olmütz, dieses Olmütz gewiß. Ein Raum für Geister, ein Lebens-Raum, ein Raum für den, der es schrieb und ins Leben rief. Dies bleibt unwiderrufbar. Auch der Bilderbuchmond blieb so. Härtling ist nicht – wie er meint – allein mit der Musik im Raum.

(1979)

Postskript 1988

Was ereignet sich in einem knappen Jahrzehnt für einen Autor wie Härtling, für den Lyriker Härtling? Zwei neue Gedichtbände erschienen unterdessen die »Vorwarnung« (1983) und »Die Mörsinger Pappel« (1987). Was setzt sich fort? Eine poetische Biographie zweifellos. Eine Wirklichkeit, in Erinnerung und Vergegenwärtigung. Die jeweilige Zeit und die Zeitgenossenschaft dessen, der schreibt. Und immer war und ist Peter Härtling aufmerksamster Zeitgenosse gewesen: in seinen zärtlichen Versen, in den Versen der Wut und der Trauer. – »Verstreute Gedichte« gehören zum Werk. Sie sind hier versammelt: über die Jahre nochmals eine Lebensspur, die in Gedichten ausgezogen wird, bis ins Gegenwärtige. Personen und Ereignisse sind in ihnen festgehalten, Porträts unterschiedlicher Art. Die Namen der Personen werden gleichsam eingebracht. Sie sind unter uns und *handeln* nochmals im Gedicht, durch ihr Wesen. Der »Spielgeist« wird ebenso nochmals Wort (»Kein Purzelbaum für Ledig«): ein Geist, der Bescheid weiß und sein ernsthaftes Spiel in Worte entläßt.

Vielleicht ist Peter Härtling in der letzten Zeit dringlicher geworden. Seine Gedichte haben etwas zusätzlich Nachhaltiges bekommen. Der Autor lebt noch deutlicher mit der eigenen Biographie und der eigenen Zeit, die ihn herausgefordert, auf deren Herausforderungen er antwortet. Der Antworten fallen oft zorniger aus, direkter. Die Unmittelbarkeit in Peter Härtlings Gedichten nahm zu. Aus Bestandsaufnahmen wurden längst Stellungnahmen. Das Unmißverständliche nahm zu, ohne daß das Zarte, Rätselhafte, das Heimliche und das Unheimliche in diesen neuen Arbeiten verschwanden. Es blieb nicht nur zugelassen. Es war notwendig. Es war die andere heimliche, private Welt und Umwelt des Peter Härtling, der sich seinen Vers auf diese gefährliche und fragwürdige Zeit machte. Nie verschwand dabei etwas, das ihm von Anfang her angehört hatte: Anmut, jene besondere melodiöse Empfindlichkeit – wenn ich so sagen soll – die wie heimliche Musik geblieben ist.

Skepsis und Liebeserklärung schließen sich nicht aus. Und in gewissem Sinne sind alle Gedichte, auch dort, wo sie heftig artikuliert scheinen, derartige Liebeserklärungen an Mitwelt und Mitlebende. Sein »Kassiber«, den er der »Mörsinger Pappel« vorangestellt hat, lautet am Schluß:

Dort aber, auf der Linie,
die ihr scheut, vorm Abgrund,
sammle ich eure Nachrede ein
und widerlege,
was ihr mir zuschreibt:
Mit einem Wort, mit mir.

Sie widerlegen mit der Biographie des Autors, mit dem Zuwachs an Erfahrungen und Widerfahrungen, mit seiner zornigen Mitsprache, seiner sanften, graziösen »Nachrede«, einem Summen von Härtling-Wörtern, die zu Wort kommen und je Gedicht werden. »Du redest den zornigen Traum weiter«, heißt es einmal. Jens ist gemeint. Doch nicht nur er. Denn wie aus solchem »zornigen Traum« heraus blieb Peter Härtling weiter dabei, seine Gedichte aufzufassen. – Der Geisterraum um ihn ist größer geworden: Lebende wie Tote sind in ihn aufgenommen, scharen sich gleichsam um den Schreibenden. Es sind auch eine Art Schutzgeister, die angerufen werden, notwendige Geister, hilfreiche, ganz unterschiedlicher Natur. – Das Geisterhaus der Gedichte ist geräumiger geworden. Peter Härtling lud die Freunde, diese Geister, ein, bei ihm zu bleiben. »Vogelleicht«, nennt sich ein Gedicht. Unter diesen tätigen Geistern, die er rief, kommt diese vogelleichte Beziehung auf, die schwer wiegt, weil sie ihm wichtig ist wie Landschaft, Liebe, eigenes Leben.

Karl Krolow

Editionsnotiz

Dieser Band versammelt sämtliche Gedichte, die Peter Härtling veröffentlicht hat.

Die Gedichte wurden chronologisch nach dem Erscheinen der Bände abgedruckt, in die sie der Autor aufgenommen hat. Entstehungsdatum und Erscheinungsjahr liegen in der Regel nicht weit auseinander. Wenn ein Band Gedichte aus einer längeren Schaffensphase enthält, hat Peter Härtling den Zeitraum mit Jahreszahlen im Untertitel angegeben.

Die ursprüngliche Reihenfolge der Gedichte blieb unverändert. Die Orthographie folgt der Peter Härtlings. (In »yamins stationen« wurde das in ss aufgelöste ß nicht zurückverwandelt.) Eine Eigenwilligkeit Peter Härtlings mit den am weitestreichenden Konsequenzen wurde nicht den Dudengepflogenheiten angepaßt, obwohl sie der Autor später selber aufgegeben hat. Die Gedichte bis in die späten sechziger Jahre sind hier wie im Manuskript und in den Erstdrucken in Kleinschreibung wiedergegeben. Die Gedichte danach, spätestens seit den »Neuen Gedichten« aus dem Jahr 1972, folgen den Konventionen der Groß- und Kleinschreibung.

Unter dem Titel »Verstreute Gedichte 1956–1988« sind zum erstenmal die Gedichte zusammengetragen, die Peter Härtling zum Druck in Anthologien und Zeitschriften freigegeben hat. Auch hier gelten die Regeln der Groß- und Kleinschreibung, die Peter Härtling für sich als maßgebend festgelegt hat.

Aus Platzgründen mußten die Nachworte (Kurt Leonhard in »yamins stationen« und Peter Härtling in »Neue Gedichte«) entfallen. Die Zeichnungen von Fritz Ruoff in »poeme und songs« konnten deswegen auch nicht aufgenommen werden. Auf einen bibliographischen Nachweis der Erstdrucke der in den »Verstreuten Gedichten« aufgenommenen Texte mußte auch verzichtet werden.

Für das Buch »Peter Härtling, Ausgewählte Gedichte 1953–1979« (Sammlung Luchterhand 290) hatte Karl Krolow ein Nachwort geschrieben. Dieser Band tritt an die Stelle der »Ausgewählten Gedichte aus dem Jahr 1979. Karl Krolow hat dem Wunsch im Handumdrehen entsprochen, seinem zehn Jahre alten Nachwort ein Postskriptum anzufügen. Dafür sei ihm herzlich gedankt.

Bibliographischer Nachweis

poeme und songs, Bechtle Verlag, Esslingen 1953.
yamins stationen, Bechtle Verlag, Esslingen 1955; zweite unveränderte Ausgabe: Henry Goverts Verlag, Stuttgart 1965.
unter den brunnen, neue gedichte, Bechtle Verlag, Esslingen 1958.
spielgeist, spiegelgeist, Henry Goverts Verlag, Stuttgart 1962.
Neue Gedichte, Bläschke Verlag, Darmstadt 1972.
Anreden. Gedichte aus den Jahren 1972–1977, Luchterhand Verlag, Darmstadt und Neuwied 1977.
Vorwarnung, Luchterhand Verlag, Darmstadt und Neuwied 1983.
Die Mörsinger Pappel, Luchterhand Verlag, Darmstadt und Neuwied 1987.
Verstreute Gedichte 1956–1988
tröstereime: An mein Kind, Deutsche Gedichte des 20. Jahrhunderts, ausgew. u. hrsg. v. Christine Brückner, Propyläen Verlag, Frankfurt/M. – Berlin 1962.
widerwort und *fundevogel,* in: Lyrik aus dieser Zeit 1963/64, Zweite Folge, hrsg. v. Kurt Leonhard und Karl Schwedhelm, Bechtle Verlag, München und Esslingen 1963.
kein rätsel, weise möglichkeit und *dem fabelzahn,* in: Die Meisengeige, Zeitgenössische Nonsensverse, hrsg. v. Günter Bruno Fuchs, Carl Hanser Verlag, München 1964.
pinocchio, in: Berlin zum Beispiel, hrsg. v. Hannes Schwenger, Staneck Verlag, Berlin 1964.
bruchstücke, in: Lyrik aus dieser Zeit 1965/66, ausgewählt v. Wolfgang Weyrauch und Johannes Poethen, Dritte Folge, Bechtle Verlag, München und Esslingen 1965.
pommerland ist abgebrannt, in: Wiederbegegnung, Deutschlands Mitte, Deutschlands Osten, hrsg. v. Horst Mönnich, Pfützner Verlag, München 1965.
Wie soll ich reden, in: Deutsche Teilung, Ein Lyrik-Lesebuch, hrsg. v. Kurt Morawietz, Limes Verlag, Wiesbaden 1966.
Sechs Sätze für Fabian, in: Die Stadt der Kinder, Gedichte für Kinder in 13 Bezirken, hrsg. und mit einem Nachwort von Hans-Joachim Gelberg, Georg Bitter Verlag, Recklinghausen 1969.
Verabschiedung, Es kann sein und *Den Frieden erhalten,* in: Akzente, H. 6, Dezember 1972.
Depressionen, in: ZET (Das Zeichenheft für Literatur und Graphik, H. 2, Juni 1973.

Kritischer Moment beim Schreiben eines Romans und *Sanfte Missionare,* in: Jahresring 1974/75, Literatur und Kunst der Gegenwart, Deutsche Verlags-Anstalt, Stuttgart 1974.

Für Ernst Bloch und *Zeilen für den nächsten Abend,* in: Ein Stück Brachland eine Schrift herum, hrsg. v. Jan Gielkens, Wilfried Hövener, Joan Kooyman, Ton Naaijkens in Zusammenarbeit mit Gregor Laschen, Utrecht 1976.

An den Maler Jerg Ratgeb und *Ein anderer Morgen,* in: Bestandsaufnahme, V. Schriftstellerkongreß VS, hrsg. v. Bernt Engelmann, Goldmann Verlag, München 1980.

Der Flörsheimer Wald, in: Unser Gemeindeblättchen, hrsg. v. der Evangelischen Kirchengemeinde Walldorf, Walldorf 1981.

Für F. R., in: Frieden ist kein Sterbenswort, Ein Lyrik Forum des Deutschen Allgemeinen Sonntagsblattes, hrsg. v. Herbert Glossner, Lutherisches Verlagshaus Hamburg, Hamburg 1981.

Wenn jeder eine Blume pflanzte und *Ich schreibe auf diese Seite,* in: Poesiekiste, hrsg. v. Joachim Fuhrmann, Rowohlt Verlag, Reinbek bei Hamburg 1981.

Der Friedensbote (Zwettl 1945), in: Frieden: Mehr als ein Wort, Gedichte und Geschichten, hrsg. v. Hildegard Wohlgemuth, Rowohlt Verlag, Reinbek bei Hamburg 1981.

Eine Blume für WH, in: Sprache im technischen Zeitalter, hrsg. v. Walter Höllerer und Norbert Miller, H. 84, Dezember 1982.

Zwischen den Jahreszeiten, in: hrg forum, Hochschule für Gestaltung Offenbach/M., H. 9, Februar 1983.

Tagebuchblatt, in: Pfaffenweiler Presse, Erster Almanach 1974–1984, hrsg. v. Karl-Georg Flicker, Pfaffenweiler 1983.

Der Maler, in: Juist, Ein Lesebuch, hrsg. v. Christine Brückner, Ullstein Verlag, Frankfurt/M.-Berlin 1984.

Die Waage, in: Überall und neben Dir, Gedichte für Kinder, hrsg. v. Hans-Joachim Gelberg, Beltz Verlag, Weinheim und Basel 1986.

Für Hermann Lenz, in: Akzente, H. 1, Februar 1988.

Anfänge, in: Otto Wolfgang Bechtle zum Siebzigsten, Esslinger Zeitung 1988.

Kein Purzelbaum für Ledig, in: HMLR, Purzelbäume für Heinrich Maria Ledig-Rowohlt, Rowohlt Verlag, Reinbek bei Hamburg, März 1988.

Unser Hirschau, in: Ich bin nur in Wörtern, Johannes Poethen zum sechzigsten Geburtstag, hrsg. v. Jochen Kelter und Jürgen P. Wallmann, Ulrich Keicher Verlag, Warmbronn, 13. September 1988.

Für Walter Jens, in: Festgabe für Walter Jens zum 65. Geburtstag, eingeleitet und hrsg. v. Kurt Marti, Radius Verlag, Stuttgart 1988.
Mein Lessing (1729–1781), in: Gegenentwürfe, 24 Lebensläufe für eine andere Theologie, hrsg. v. Hermann Häring und Karl-Josef Kuschel, Piper Verlag, München 1988.
Assisi, in: Radius Almanach 1988/89, Radius Verlag, Stuttgart 1988.
Abendlicher Entwurf und *Inbild,* in: Luchterhand Jahrbuch der Lyrik 1988/89, hrsg. v. Christoph Buchwald und Friedrike Roth, Luchterhand Literaturverlag, Darmstadt 1988.
Dollhopfs Bilderbriefe, in: Günter Dollhopf, Bilder, Zeichnungen, Grafiken, Objekte, Briefe 1978–1988, Verlag für moderne Kunst Zirndorf und Autoren, Zirndorf 1988.

Alphabetisches Verzeichnis der Gedichte und Gedichtanfänge

Inhalt

Mörsinger Pappel

Im Luchterhand Literaturverlag sind lieferbar: Zwettl, Nachprüfung einer Erinnerung, 1973 (SL 447); Eine Frau, Roman, 1974 (SL 435); Niembsch oder Der Stillstand, Eine Suite, 1975 (SL 189); Hölderlin, Ein Roman, 1976 (SL 260); Anreden, Gedichte aus den Jahren 1972–1977, 1977; Hubert oder Die Rückkehr nach Casablanca, Roman, 1978 (SL 663); Nachgetragene Liebe, 1980 (auch SL 357); Die dreifache Maria, Eine Geschichte, 1982 (SL 476); Vorwarnung, Gedichte, 1983; Das Windrad, Roman, 1983 (SL 599); Der spanische Soldat oder Finden und Erfinden, Frankfurter Poetik-Vorlesungen, 1984 (SL 600); Felix Guttmann, Roman, 1985 (auch SL 795); Die Mörsinger Pappel, Gedichte, 1987; Janek, Porträt einer Erinnerung, 1987 (SL 696); Waiblingers Augen, Roman, 1987; Peter Härtling: Auskunft für Leser, hrsg. v. Martin Lüdke, 1988 (SL 680); Der Wanderer, 1988.

Lyrik

im Luchterhand Literaturverlag

Franz Hohler
Vierzig vorbei
Gedichte
96 Seiten. Broschur

Vom Kabarettisten und Erzähler Franz Hohler Gedichte? Das ist eine Überraschung. Noch nie hat dieser Autor so offen, so klar und schnörkellos von seiner Person gesprochen und dennoch stellvertretend und für viele seiner Altersgenossen. »Da wären wir also, 40 und mehr, und sehen mit leichtem Erstaunen, was wir sind und was nicht ...«

Ernst Jandl
Gesammelte Werke
Gedichte. Stücke. Prosa
Herausgegeben von Klaus Siblewski
1985. 2468 Seiten. 3 Bände
Gebunden, mit Büttenpapier bezogen, fadengeheftet, im Schuber
DM 298,–
»Eine dreibändige Ausgabe, wuchtig und elegant in einem, zweieinhalbtausend Seiten Jandl eben und somit durchaus ein Zipfel Unsterblichkeit bei Lebzeiten. Er hat es, man nehme nur alles in allem, verdient wie wenig andere, vor allem auch weil solch noble Anerkennung über Jahrzehnte hinweg völlig unvorstellbar schien.« *FAZ*

Helga Novak
Märkische Feemorgana
Gedichte
ca. 128 Seiten. Broschur
Ihre Verse, scheinbar sachlich, oft eckig, fast schroff, sind reich an intensiven Bildern, voll Schönheit und Kraft, leidenschaftlich und zart. »Ich kenne keinen, der so sehr unterwegs ist und sich so sehr zurücksehnt. Der weggeht, um wiederzukommen, aber nicht auf den Knien.« *Jürgen Fuchs*

Bernd Wagner
Mein zu großes Auge
Gedichte
128 Seiten. Broschur
Der Band sammelt Gedichte, die Bernd Wagner seit 1970 geschrieben hat. Ein Teil wurde noch in der DDR veröffentlicht; viele erschienen in der BRD hier zum erstenmal. Von der Schärfe des Blicks und der Wortgenauigkeit rührt die spröde, oft sperrige Schönheit dieser Gedichte. »Wo die Gedichte enden, beginnt die Welt. Die Frage ist: Wo enden die Gedichte?«

Lyrik

in der Sammlung Luchterhand

Eine Auswahl

Günter Grass
Die Gedichte
1953–1986
SL 754
Der Band sammelt die Gedichte, die – wie Zeichnungen und Radierungen – das Werk von Günter Grass von Anfang an begleiten: als Erprobung der Motive, als Gegenrede. Grass sagt dazu: »Das Gedicht ist immer noch das genaueste Instrument, mich neu kennenzulernen.«

Ernst Meister
Ausgewählte Gedichte
1932–1979
Nachwort von Beda Allemann
SL 244. Erweiterte Neuausgabe

Helga M. Novak
Grünheide Grünheide
Gedichte 1955–1980
Vorwort von Jürgen Fuchs
SL 460. Originalausgabe
»Die Dichterin Helga Novak ist stolz und wie besessen auf Wahrheit. Nach ihrer eigenen, nach der unseres Landes, nach der dieser Welt. Sie will nicht, daß die Lüge gewinnt.« *Jürgen Fuchs*

Gabriele Wohmann
Ausgewählte Gedichte
1964–1982
SL 437. Originalausgabe
»Auch als Lyrikerin beweist die Autorin ihre Kunst der Beobachtung – auch die der Selbstbeobachtung. Idyllisch sind diese Momentaufnahmen aus dem bürgerlichen Seelenleben nie.« *Darmstädter Echo*

Hannelies Taschau
Wundern entgehen
Gedichte 1957–1984
SL 642
»Hannelies Taschau verläßt sich nicht auf ihre Sensibilität. Auf ihre Aufmerksamkeit kann sie sich verlassen. Ihre Gedichte sind moderne Genrebilder, kreisen um entfremdetes Interieur, zeigen gestörte Beziehungen zwischen Menschen, das Zumutbare und das Unzumutbare, reflektieren Abhängigkeit, Mißtrauen, Angst, legen sich an mit privaten und öffentlichen Ärgernissen. Sie sind weder Abhub noch Endprodukt von Erfahrungen, sie sind diese Erfahrungen selbst.« *Nicolas Born*

Hölderlin lesen lernen

Doch uns ist gegeben,
Auf keiner Stätte zu ruhn,
Es schwinden, es fallen
Die leidenden Menschen
Blindlings von einer
Stunde zur andern,
Wie Wasser von Klippe
Zu Klippe geworfen,
Jahr lang ins Ungewisse hinab.

Friedrich Hölderlin
Einhundert Gedichte
Herausgegeben und kommentiert von D. E. Sattler
SL 808

Einhundert Gedichte von Friedrich Hölderlin, ausgewählt, eingeleitet, mit erläuternden Hinweisen und einer ausführlichen Zeittafel versehen von dem Herausgeber der neuen Hölderlin-Ausgabe D. E. Sattler, der hier auf der Grundlage seiner langjährigen Hölderlin-Arbeit ein umfassendes Bild des singulären Lebens und Werkes dieses verkannten und fast unbekannten Dichters vermittelt. Ein Buch, nicht nur für Schüler und Studierende, sondern für alle, die Hölderlin kennenlernen oder wiederlesen und verstehen wollen.

Jahrbuch der Lyrik

in der Sammlung Luchterhand

»... eine Übersicht über die Jahresproduktion an deutschsprachigen Gedichten (wobei die Aufmerksamkeit jungen, noch unbekannten Autoren gilt), einen Blick über den Zaun in ein europäisches Nachbarland, schließlich einen Kommentarteil in Form kurzer Diskussionsbeiträge von Autoren. Es ist sicher ein Vorzug dieses jährlich erscheinenden Bändchens, daß die Herausgeber auf eine Klassifizierung der Texte, auf vorschnelle Trendbeschreibung verzichten. So kann man sich unbelastet von ästhetischen Diskursen auf Entdeckungsreise machen, sich überraschen lassen.« *Norddeutscher Rundfunk*

»Das *Luchterhand Jahrbuch der Lyrik* leistet mit seiner Dokumentation der neuesten lyrischen Tendenzen eine Pionierarbeit, deren Fortsetzung man sich nur wünschen kann.« *Michael Braun*

»Eine Sammlung, die durch Qualität überzeugt.« *Bayerisches Fernsehen*

»Das Luchterhand Jahrbuch der Lyrik ist inzwischen eine Institution geworden.« *Frankfurter Rundschau*

»Diese ganz aktuelle Lyriksammlung ist die wohl derzeit wichtigste.« *Heinrich Vormweg, WDR*

Luchterhand Jahrbuch der Lyrik 1984
Hg. Christoph Buchwald und Gregor Laschen
SL 584. Originalausgabe

Luchterhand Jahrbuch der Lyrik 1985
Hg. Christoph Buchwald und Ursula Krechel
SL 685. Originalausgabe

Luchterhand Jahrbuch der Lyrik 1986
Hg. Christoph Buchwald und Elke Erb
SL 686. Originalausgabe

Luchterhand Jahrbuch der Lyrik 1987/88
Hg. Christoph Buchwald und Jürgen Becker
SL 687. Originalausgabe

Luchterhand Jahrbuch der Lyrik 1988/89
Hg. Christoph Buchwald und Friederike Roth
SL 806. Originalausgabe

Ernst Jandl

in der Sammlung Luchterhand

Aus der Fremde
Sprechoper in 7 Szenen
SL 627

die bearbeitung der mütze
gedichte. SL 336

dingfest. SL 121

falamaleikum
gedichte und bilder. SL 488
Eine Sammlung von lustigen, makabren und derben, spielerischen Jandl-Gedichten. Illustriert von Jürgen Spohn.

für alle
SL 566
Dieses Buch mit Texten aus 23 Jahren ist eine Werkauswahl insofern, als es den Autor in allen seinen Möglichkeiten – Lyrik, Prosa, Drama, Essay – zeigt. Es enthält die politisch engagiertesten Texte des Autors.

der gelbe hund
gedichte. SL 390

der künstliche baum
gedichte. SL 9

Das Öffnen und Schließen des Mundes
Frankfurter Poetik-Vorlesungen
SL 567. Originalausgabe
Ernst Jandl denkt über Ernst Jandl nach – und entstanden ist ein poetisches Handbuch, das einzige, das zu Jandls Werk geschrieben werden kann und gleichermaßen eine grundlegende Einführung in die moderne Poesie.

serienfuss
gedichte. SL 157

selbstporträt des schachspielers als trinkende uhr
gedichte. SL 645

Ernst Jandl: Materialienbuch
Hg. von Wendelin Schmidt-Dengler
SL 364. Originalausgabe